김정수 지음

중앙경제평론사

1

OODA
성취, 우다 사이클에 달렸다

2

Observe
제대로 된 목표를
관찰하라

3

Orient
올바른 방향성을
설정하라

5 Act
행동에 대해서만 보상한다

당신은 정상에 도전 중입니까?

누구나 멋있게 사는 인생을 꿈꾸지 실패를 목표로 살아가는 사람은 없다. 지지리 궁상을 떨면서 칙칙하게 살고자 하는 사람이 어디 있겠는가? 나름대로 잘 살고 싶고 주목받는 삶을 계획한다. 하지만 어떤 사람은 만족하는 인생을 살고 또 어떤 사람은 힘들게 산다.

왜 그럴까? 그것은 우리가 사는 사회라는 '시스템'이 그런 결과가 구축되도록 만들어져 있으며 구성원은 성공자 소수와 수많은 실패자로 나누어질 수밖에 없는 구조이기 때문이다.

가령 누구든 성공으로 가는 과정에는 반드시 장애물(일시적인 실패)에 직면하게 된다. 이때 만나는 실패란 얄궂고 교활하기 짝이 없다. 성공이 거의 손안에 들어왔다고 생각할 때 우리의 발을 걸어 넘어뜨리고 좋아서 날뛴다. 문제는 실패에 직면한 바로 그 순간, 그곳에서 한 발짝 너머에 성공이 기다리고 있다는 사실이다.

인간의 속성은 어떤 일에서 어려움에 직면했을 때 가장 빠르고 쉽게 선택하는 귀결이 '포기'다. 대다수 사람이 어떤 난관에 봉착하면 포기를 선택한다. 그리고 당연히 그는 '성공자'의 대열에서 탈락한다.

사실 이 세상에는 포기하는 사람 때문에 먹고사는 직업과 시장이 셀 수 없을 정도로 많다. 공부, 피트니스, 다이어트, 사업, 금연, 도박 등등 사람이 살아가는 모든 곳에서 누군가가 포기하기 때문에 어떤 사람은 돈을 번다. 결국, 사람이 살아가는 시스템 자체가 '포기'라는 것을 전제로 형성되어 있음을 알 수 있다.

다른 말로 하면 이 사회는 당신이 포기할 것이라는 전제를 바탕으로 만들어져 있다고 볼 수 있다. 그러므로 사람이 포기하는 메커니즘을 잘 안다면 비즈니스에서 크게 성공할 수 있다는 역설이 성립한다.

포기는 수많은 사람이 걸려 넘어지고 도망가게 하는 장애물이지만 극복하기 위해 조금 더 노력하는 소수 사람에게는 엄청난 이득을 준다.

이런 이유로 "포기하는 자는 절대 승리하지 못하며, 승리하는 자는 결코 포기하지 않는다"라고 빈스 롬바르디(Vince Lombardi)는 충고한다. 그러나 반드시 올바른 충고는 아니다. 왜냐하면, 승자도 포기할 때가 있기 때문이다. 다만 그들은 적절한 시점에 적절한 대상을 포기한다.

끝까지 도전해서 자기 앞에 놓인 장애물을 통과하여 큰 부가가치를 얻고 최고가 되기 위한 전제조건이 있다. 그것은 '잘못된 선택은 빨리 포기하라'와 '제대로 된 일은 끝까지 밀어붙여라'이다. 위 롬바르디의 충고도 이런 전제 조건이 충족됐을 때 올바른 것이 된다.

최근 성공과 부(富)라는 주제에 관한 관심은 거의 신드롬에 가깝다. 용어가 무엇이든 서점에는 이 주제에 관한 책이 넘쳐나고 유사한 내용의 교육도 범람하고 있다. 그 결과 많은 사람이 책이나 교육을 통해 배운 내용에 큰 감명을 받고 이를 실천해서 자기 것으로 만들겠다고 다짐한다.

그러나 실제로 일상생활에 적용하고 실천하여 원하는 것을 얻는 사람은 극소수다. 책으로 공부한 내용은 우리의 가슴을 벅차게 하고 희망을 품게 하지만 현실은 그렇지 않기 때문이다.

결국, 사람들에게 일종의 '판타지'를 주고 있다. 즉, 무엇인가 원하는 것을 얻어 크게 성공하겠다는 자기만족이나 위안을 얻는 것에 그치고 있다. 물론 그 자체로도 의미가 있겠지만 어떤 '결과'를 원하는 사람에게는 분명히 불만족스러울 것이다. 그렇다면 '왜 그런가?'에 대한 답을 찾아야 한다. 그 대답을 찾기 위해 바로 이 책을 썼다.

독자들은 이 책을 읽고 자기가 무엇을 버리고 어떤 것에 집중해야 하는지 아이디어를 얻게 될 것이다. 그 결과 자기가 얻고자 하는 것(돈이든, 성취든)을 얻게 된다면 저자는 소임을 다했다고 할 수 있을 것이다.

독자 제현의 아낌없는 성원을 바란다.

2013. 6. 30 김정수(金正秀)

　현대사회를 형성하는 많은 구성원은 각각 다양한 욕구를 갖고 살아간다. 수많은 욕구 중에서도 성공적인 경제 활동은 가장 중요한 덕목이 아닐까? 하나마나 한 이야기지만 사람은 누구나 성공을 원하며 부자가 되고 싶어 한다. 그래서 기본적으로 누구나 열심히 일한다. 그러나 승승장구하는 사람도 있는 반면 비교하는 것 자체가 무색할 정도로 실패하는 사람도 많다. 왜 이런 결과가 생길까?

　흔한 이야기로 누구에게나 인생에 '세 번의 기회'가 있다고 한다. 부자가 될 기회든지 성공할 기회든지 세 번의 기회가 누구에게나 공평하게 주어진다는 것이다. 정말 그럴까? 믿지 않는 사람도 있겠지만 기존의 많은 성공자는 '기회'가 누구에게나 똑같이 주어진다는 것에 동의한다. 같은 기회라도 그것을 사용하는 사람에 따라 결과가 다르게 나타난다.

　좋은 기회가 다가왔을 때 자기 것으로 만드는 사람이 있는가 하면 그것이 기회인지도 모르고 지나가는 사람, 망설이면서 놓치는 사람 등 사회는 여러 종류의 사람으로 구성되어 있다. 성공이란 결국 '선견력(先見力)'이 중요하고 기회가 왔을 때 그것을 확실하게 잡을 수 있는 '행동력'이 뒷받침돼야 한다. 그것이 바로 지금부터 이 책에서 공부할 내용이다.

1
—
OODA
성취, 우다 사이클에 달렸다

마태효과(Matthew Effect) 현상

우리 주위의 많은 것들이 하루가 멀다 하고 생겨나기도 하고 망해서 흔적도 없이 사라지기도 한다. 이런 불확실성이 팽배한 시대에서 성공은 결국 '기회와 행동'이라는 덕목에 크게 좌우될 수밖에 없다.

이렇게 소리 없이 다가오는 기회를 잘 포착하기 위해서는 앞으로의 일 즉, 미래를 정확히 예측하는 것이 무엇보다 중요하다. 그럼 지금부터는 다가올 미래를 잘못 이해하고 잘못 예측하여 중요한 기회를 물거품으로 만든 몇 가지 사례를 살펴보자.

• 날릴 뻔했던 수백만 달러

소설가 스티븐 킹은 출판사의 거절에 지쳐서 《캐리(Carrie)》의 원고를 쓰레기통에 던져버렸다. 그는 이런 말을 들었다. "우리는 부정적인 공상을 다루는 SF 물에는 관심이 없습니다. 그런 것은 팔리지 않습니다."

그러나 다행히 그의 아내가 원고를 쓰레기통에서 꺼냈다. 《캐리》는 마침내 다른 출판사에서 출간하여 400만부 이상 판매되었고 영화로도 만들어져 전 세계에서 크게 히트했다.

• 스위스 시계 업계

과거 스위스 시계는 품질을 인정받으면서 전 세계 판매량의 80퍼센트를 차지했다. 그러나 1968년 태엽시계의 고정관념에서 벗어나지 못한 스위스 시계 관계자들은 새로운 흐름을 외면했다. 그 결과 한 과학자가 발명한 전자시계를 스위스 시계 회사의 경영자들에게 소개했지만 그들은 스스로 최고라고 자부했기에 새로운 아이디어를 거절했다.

디지털 방식의 새 아이디어는 일본의 시계회사로 넘어갔다. 이후 스위스는 아이디어를 받아들인 일본에 시계시장의 선두자리를 뺏겼다. 그 결과 전 세계 시계시장 점유율 65퍼센트와 80퍼센트의 순이익을 내던 스위스는 10년 후 매출과 순이익이 20퍼센트 이하로 떨어졌다.

1940년대 8만 명을 고용했던 스위스시계 공장의 직원 수는 오늘날 1만 8천 명에 불과하며 시장의 판세도 역전되어 세계시장의 80퍼센트를 디지털시계가 장악하고 있다.

• 빨간 머리 모델

16세에 모델을 시작했던 앤지 에버하트에게 모델 에이전시 사장인 에일린 포드는 그녀가 절대로 모델로서 성공하지 못할 것이라고 냉정하게 말했다. '빨간 머리는 시장성이 없어'라는 이유 때문이었다.

하지만 에버하트는 〈글래머〉지 표지에 실린 최초의 빨간 머리 모델이 되었다. 그녀는 모델로 활발한 활동을 하며 경력을 쌓았고 27개의 영화와 수많은 TV쇼에 출연했다.

• 발명왕 에디슨의 축음기

1880년 토머스 에디슨은 자신이 만든 축음기를 '상업적인 가치가 없다'고 평가했지만 축음기는 20세기를 휩쓴 인기 제품이 되었다.

• 최고의 가수 엘비스 프레슬리

1950년대 초반 젊은 엘비스 프레슬리는 '목소리가 좋지 않다'는 이유로 복음성가 그룹에서 거절당했지만 후에 세계 최고의 가수가 되었다.

• 워너 브라더스 사장 해리 워너

1922년 워너 브라더스 픽쳐사 사장인 해리 워너가 '배우가 직접 이야기하는 것을 듣기 원하는 사람이 어디 있겠는가?'라고 했지만 결과는 반대였다. 오늘날 변사가 해설하는 영화는 상상할 수도 없다.

• IBM 회장 토머스 왓슨

1943년 IBM의 회장 토머스 왓슨이 '컴퓨터를 팔 곳은 이 세상에 다섯 곳밖에 없다'고 했지만 지금은 컴퓨터가 없는 곳을 찾기가 더 어려운 세상이 되었다.

• 맥도널드 프랜차이즈

초창기 맥도널드 프랜차이즈를 시작했을 때 사람들은 절대 성공하지 못할 것이라고 말했다. 그 당시 사람들은 자기가 몸을 움직여 돈을 벌어야지 다른 사람이 올린 수입에서 일정액을 수수료로 받는 것은 절대 옳지 않다고 생각했다.

• 켄터키 프라이드 치킨

샌더스가 켄터키 프라이드 치킨 KFC 프랜차이즈 모집을 시작했을 때 많은 사람이 비난을 퍼부었다. 그래서 제안한 사람 중 654명에게 거절당하고 655명 째 1호점이 성공했다고 한다(어떤 사람은 1,008번 서절에 1,009번째 성공이라고도 한다). 로열티를 받는 것은 다른 사람의 '피를 빼는 행위'라서 거절당했다고 한다.

1998년 구글의 공동 설립자인 서지 브린과 래리 페이지는 야후와 교섭하면서 합병을 제안했다. 야후는 얼마 안 되는 주식으로 구글을 살 수도 있었지만 그들은 전망이 없다고 거절했다. 그러면서 작은 프로젝트를 크게 성장시켜 다시 오면 생각하겠다고 했다. 그 후 5년이 채 안돼서 구글의 주식 시가 총액은 200억 달러로 산정되었다.

지금 생각해 보면 정말 어처구니없는 사례들로 고정관념이나 잘못된 예측이 어떤 결과를 가져오는지 잘 보여준다. 그런데 웃고만 있기에는 현실이 녹록치 않다. 현재 우리 삶의 조건들이 여유를 가지기에 충분하지 않기 때문이다.

잘 나가는 사람은
계속 잘 나간다

최근 우리 사회는 '돈이 돈을 벌고 부자는 다시 부자가 될 가능성이 높다'는 이른바 부익부 빈익빈의 양극화 현상이 점점 더 보편화, 구조화되어 가고 있다. 문제는 날이 가면 갈수록 이런 현상이 심해지면 심해졌지 좋아질 가능성이 거의 없다는 것이다.

이런 현상을 '마태효과'라고 하는데 소득 양극화 현상은 경제뿐만 아니라 정치, 과학, 교육, 문화 등 사회 각 분야에서 일어나는 양극단화 현상을 통칭하기도 한다.

저명한 과학자의 업적은 더 큰 인정을 받고 인기 가수, 스포츠 선수 등 잘 나가는 사람은 계속 앞서 가는 것처럼 이미 우위를 점한 사람이 더 높은 우위를 차지하는 현상을 우리는 각계각층에서 쉽게 볼 수 있다. 그래서 이 현상을 사회과학, 심리학, 경제학, 심지어 생물학 등 여러 분야에서 다양한 연구 과제로 연구하고 있다.

마태효과는 성경의 마태복음 25장 29절의 '무릇 있는 자는 받아 풍족하게 되고 없는 자는 그 있는 것까지도 빼앗기리라(For to everyone who has shall more be given, and he shall have an abundance; but from the one who does not have, even what he does have shall be taken away)'라는 내용에서 나온 말이다.

마태효과는 사회학자인 머튼(R. K. Merton)이 1968년 처음 사용하기 시작하였다. 권력, 경제력, 사회적 지위를 가진 사람은 사회로부터 얻는 혜택이 누적(Accumulated Advantage)되는 현상이 있다고 한다. 그는 마태효과가 삶의 많은 영역에서 작용한다고 말한다. 머튼 이후에도 여러 분야의 학자가 마태효과를 사용하여 사회현상을 설명하고 있다.

세계경제가 불경기에 빠지면서 모두 지갑을 동시에 닫아 경기후퇴 속

1. OODA 성취, 우다 사이클에 달렸다

도가 과거보다 빨라졌다. 개인 부채가 경제의 큰 흐름에 뒷다리를 걸며 성장의 장애물로 등장하면서 우리사회의 양극화 현상은 극단으로 치닫고 있다.

그 결과 많은 학자가 '마태효과로 인한 불평등을 제어하기 위해 정부의 개입이 필수적'이라며 '마태효과로 발생하는 파괴적인 결과를 축소하거나 타파하기 위해 자원과 기회를 재분배하는 제도와 지원이 필요하다'고 강조한다.

머튼의 설명에 따르면 이런 원리가 개인의 성공에도 적용된다고 한다. 한 개인이 경력 초반에 성공을 거두면 그의 능력과는 무관하게 어떤 구조적 우위를 얻어 이후에도 더 쉽게 성공할 수 있다고 한다.

높은 명성을 가진 과학자들은 과학적 성과에 대해 큰 인정을 받는다. 그러나 아직 이름이 없는 과학자들은 그러한 인정을 받기 어렵거나 혹은 아예 인정을 받지 못하기도 한다.

노벨상을 받은 지도교수와 무명의 대학원생이 공동 저술한 논문이 조명을 받게 되면 그 빛은 누구를 비출 것인가, 아마 노벨상을 받은 지도교수일 것이다. 일종의 후광효과(Halo Effect) 때문이다.

예를 들면 우리사회에서는 병역미필 문제가 항상 큰 사회문제로 대두된다. 군 제대자가 사회에 복귀했을때 군 면제자는 이미 저만치 앞서 가고 있어 부단히 노력해도 그들을 따라잡기 쉽지 않다.

어떤 이유가 됐든 떳떳할 수 없는 그들이 사회의 윗자리를 차지하고 있다. 면제자는 한발 앞선 출발(누적효과)을 발판으로 군필자와의 격차를 계속 벌려 나간다.

이렇게 사회 각 분야에서 나타나는 부익부 빈익빈 현상은 앞에서 설명한 후광효과와 누적효과 때문이다. 돈, 명예, 지위 등에서 다른 사람보다 앞서면 더욱 크게 성공하고 발전할 수 있는 더 많은 기회를 잡는다.

현실적으로 부자는 가난해지는 것보다 부자가 되는 일이 더 쉽고 유명한 사람은 명성을 잃는 것보다 더 유명해지는 일이 쉽다. 마태효과 때문에 성공은 더 큰 성공으로 이어진다.

진실의 순간
(the Moment of Truth)

진실의 순간은 스페인의 마케팅 학자 리처드 노먼 교수가 제창한 개념이다. 스페인어로는 'Moment De La Verdad'라고 하며 어떤 일에 있어 가장 중요하고 결정적인 순간을 말한다.

원래는 투우 경기에서 사용하는 용어로 투우사가 황소를 데리고 재주를 부리다가 마지막에 칼을 들어 황소의 정수리를 찌르는 순간을 의미한다. 승부는 그 순간에 결정 난다.

골프에서도 이 말을 자주 사용하는데 스윙에서 진실의 순간은 공과 골프 클럽이 직각으로 만나는 순간이다. 이전의 준비가 아무리 그럴듯했어도 공이 빗맞으면 아무 소용 없다. 반대로 이전 동작이 엉터리였어도 진실의 순간에 제대로 맞기만 하면 공은 똑바로 날아간다.

이렇게 진실의 순간은 우리 생활 곳곳에 존재한다. 하루 수면시간을 3~4시간으로 줄여가며 1년을 공부한 고3 수험생도 수능시험 당일 컨디션이 나빠 시험을 망치면 모든 것이 수포로 돌아가고, 축구경기에서 백 번의 슛을 했어도 골인 시키지 못하면 이길 수 없다.

노먼 교수는 기업의 입장에서 '진실의 순간'은 바로 직원이 고객을 만날 때라고 한다. 예를 들면 고객이 광고를 볼 때, 주차장에 차를 세울 때, 회사 로비에 들어설 때, 우편으로 받은 청구서를 처음 읽을 때가 진실의 순간인 것이다.

바로 그때 고객의 마음을 사로잡으면 제품을 팔 수 있고 평생 단골을 만들 수 있지만 반대로 이때 고객의 눈 밖에 나면 제품을 팔 수 없고 판매 기회를 경쟁사에 빼앗긴다.

마케팅에서 진실의 순간이 중요한 것은 곱셈규칙과 관련이 있다. 고객은 서비스를 더하기가 아니라 곱하기 개념으로 받아들인다. 한번 0점이나 마이너스(-) 점수를 받으면 웬만한 노력으로도 만회하기 어렵다.

사람에게는 언제, 어느 시점이 진실의 순간일까? 아무리 현실이 빡빡

해도 '희망과 열정'이라는 에너지에 접속되어 있을 때가 아닐까? 주변의 환경이 불안해도 우울하게만 생각할 필요는 없다. 왜냐하면 우리에게는 희망이라는 마지막 보루가 있기 때문이다.

막노동하며 학업, '맡은 일마다 목숨 걸었다'

기업 감독 및 보증사업을 전문으로 하는 일본의 신일본 유한책임 감독법인이 2001년부터 매년 선정하는 '올해의 기업인'에 한국 기업인으로는 처음으로 YSC 인터내셔널 안영일 사장(41)이 선정됐다. 올해 700명 이상이 응모하거나 추천을 받아 지난달 27명이 뽑혔다.

"많은 훌륭한 기업인이 있는데 뽑혔다는 게 믿기지 않는다. 얼떨떨하다."

최근 만난 안 사장은 자신이 선정된 것에 대해 쑥스러움을 감추지 않고 겸손함을 나타냈다. 안 사장의 일본 생활은 올해로 18년째. 한국에서 다니던 대학을 중퇴하고 1994년 4월 오사카(大阪)로 건너갔다.

막노동을 해가며 어학학원을 다녔고 2년 후 요코하마(横濱)시립대 상학부에 합격했다. 성적이 우수해 학비 면제뿐만 아니라 장학금도 받았다.

그가 기업가의 길로 들어선 것은 대학 1학년 때 만난 고이즈미 미노루 YSC 그룹 회장의 영향이 절대적이었다. YSC 그룹은 모바일 유통사업체로 연간 매출이 3,000억 원 정도인 회사다. 고이즈미 회장의 한국어 과외를 한 것이 인연이 돼 대학 졸업 직후인 2001년 YSC에 입사했다.

안 사장은 입사 6개월 만에 과장, 2년 만에 부장, 3년 만에 임원이 돼 초고속 승진을 했다. 그 비결에 대해 "맡은 일마다 '목숨을 건다'는 각오로 일했다. 그래서인지 손을 댄 사업마다 성과가 좋았다"고 말했다.

2004년 12월 그는 독립해 YSC 인터내셔널을 차렸다. 도쿄(東京)의 휴대전화 전문숍을 운영하는 작은 회사였다. 하지만 현재는 종업원 100명, 올해 예상 매출액 22억 엔(약 290억 원)의 어엿한 기업으로 성장했다.

그는 향후 계획을 묻자 대학 시절 작성해 항상 갖고 다니는 '인생 계획표'라고 적힌 A4용지를 보여주었다. '20대에 뜻을 세우고, 35세에 기업을 세우며, 40대에는 주식시장에 상장시키겠다'고 적혀 있었다.

그는 "지금까지는 계획표대로 이뤘다. 꿈이 있고 죽을 각오로 노력하면 앞으로도 분명 이룰 수 있을 것"이라고 말했다.

- 〈동아일보〉 2012. 12. 7

목숨 걸고 일하는 사람에게 장애물은 없다. '부정은 긍정을 이길 수 없고 낙관이 마지막에는 승리한다'는 말처럼 현실이 힘들고 어려워도 열정으로 희망을 노래해야 한다.

그래서 '인간의 모든 지혜는 기다림과 희망이란 두 단어로 요약할 수 있다'고 한다. 한편에서는 '낙관론이 진정한 용기'라고도 한다. 이쯤에서 희망에 관한 이야기를 하나 더 해보자.

멕시코 만류에서 조각배를 타고 혼자 고기잡이를 하는 노인이 있었습니다. 쿠바의 늙은 어부 산티아고는 84일 동안 물고기 한 마리 잡지 못하고 망망대해를 방황하고 있었습니다. 85일째 되는 날 드디어 자신의 배보다 몇 갑절 더 큰 물고기가 걸렸습니다. 산티아고는 사흘 동안 물고기에 끌려 다니며 바다를 헤맸습니다.

"이런 물고기를 못 잡고 죽을 수는 없다."

노인은 지칠 대로 지쳐 정신이 혼미한 상태에서도 마지막 힘을 다 짜내 고기의 옆구리에 작살을 찔러 넣었습니다. 물고기의 심장에서 솟아 오른 피가 1마일 이상이나 되는 푸른 물에 시커멓게 퍼져나갔습니다. 거대한 물고기를 노인 혼자 포획했습니다.

수많은 위기와 굶주림을 무릅쓰고도 물고기를 놓치지 않으려는 일념 하나로 천신만고 끝에 노인은 큰 물고기를 잡았습니다. 노인과 바다와의 길고 긴 싸움이 끝나는 듯싶었습니다. 하지만 고생은 그것으로 끝나지 않았습니다. 고향을 향해 돌아가는 먼 항해가 남아있었습

1. OODA 성취, 우다 사이클에 달렸다

니다. 노인은 잡은 물고기를 배 허리에 단단히 비끄러맸습니다. 어찌
나 큰지 배보다 훨씬 큰 배를 하나 더 옆에 매놓은 것만 같았습니다.
노인은 꿈을 꾼 것 같다고 말했습니다.

하지만 자축의 시간은 한 시간 정도로 끝났습니다. 상어가 나타난
것입니다. 상어의 숫자는 점점 늘어나고 그들은 기를 쓰며 물고기에
달려들기 시작했습니다. 그리고 당연히 노인은 물고기를 뺏기지 않
으려고 다시 목숨을 걸고 싸우게 됩니다.

삿대도 부러지고 몸은 몸대로 만신창이가 되었습니다. 이처럼 사
력을 다했지만 물고기는 상어 떼에 먹혀 앙상하게 뼈만 남았습니다.
그 물고기를 끌고 노인은 다시 고향으로 향합니다.

이것은 너무나 유명한 헤밍웨이의 《노인과 바다》의 내용이다. 중간에
물고기를 놓아 주었다면 아무 일도 없었을 텐데 그는 굳이 목숨을 걸고
거대한 물고기와 바다 그리고 상어와 싸운다.

커다란 고기를 잡았다고 동네 사람에게 자랑하기 위해서였을까? 아니
면 고기를 팔아 돈을 벌겠다는 생각 때문이었을까? 아마도 물고기를 잡
아서 가지고 가는 일이 당시 그가 해야만 할 최선의 길이라 생각했기 때
문일 것이다. 노인은 악전고투하면서도 혼자 중얼거린다.

'희망을 버리는 것은 어리석은 짓이야.'

크게 생각하라,
크게 이룬다

어느 유통전문 회사에서 다음 해 영업 목표를 설정하기 위한 회의를 소집하였다. 마케팅 담당 이사인 톰은 모든 사원이 모인 자리에서 올해의 최고 영업사원 마이크를 소개하며 회의 분위기를 이끌어 나가고 있었다. 그는 마이크의 탁월한 실적(다른 사원 보다 평균 보너스를 10배나 더 받는)을 다른 동료에게 알리고자 마이크에게 연단 앞으로 나오라고 말했다. 한바탕 환호성이 가라앉자 톰은 그 자리에 모인 사람들에게 몇 가지 질문을 던졌다.

"마이크를 잘 보기 바랍니다. 여러분과 다른 사람으로 보이나요? 마이크가 여러분에게는 없는 다른 무언가를 가지고 있기 때문에 그렇게 많은 연봉을 받는 것일까요? 마이크가 10배나 더 똑똑한가요? 아닙니다. 제가 확인해 보니 마이크는 그저 평범한 지능지수를 갖고 있습니다. 그럼 교육수준이 더 높은가요? 아닙니다. 마이크는 그저 이 지역에 있는 전문대학을 졸업했을 뿐입니다. 게다가 야간학교에 다녔기 때문에 졸업에 더 오랜 시간이 걸렸습니다.

그러면 마이크가 휴가도 안 가고 더 많은 일을 하나요? 이닙니다. 출근부를 보면 마이크는 다른 사람만큼만 일한 것으로 나와 있습니다. 그가 담당하는 지역이 다른 사람의 담당 지역보다 더 넓거나 더 중요한 고객이 있는 곳인가요? 아닙니다. 그가 담당하는 지역은 그냥 평균적인 곳입니다.

아무리 살펴보고 분석해봐도 마이크가 이 회사에서 일한 지난 5년을 보면 다른 사람과 특별히 다른 점이 없어 보입니다. 더군다나 10배의 돈을 더 벌 정도로는….”

톰은 계속해서 말했다.

“마이크, 우린 정말 당황스럽네. 자네가 이곳에 모인 다른 사람보다 훨씬 높은 실적을 내는 비결이 무엇인가? 운이 좋았다고 밖에 볼 수 없는데 어떤가? 제대로 보았나? 운과 실적에 어떤 관계가 있나?”

“아닙니다. 저는 그렇게 생각하지 않습니다.” 마이크가 대답했다.

“저는 지난 1년간 고객과의 약속을 단 한 번도 어기지 않았으며 한 번 접촉한 고객에게는 정확히 일주일 후 다시 전화를 걸었습니다. 이런 행동은 운과는 상관없습니다. 제가 받은 모든 주문의 배달이 제시간에 되었는지 고객에게 다른 불편한 사항은 없었는지 등을 확인한 것은 운과는 전혀 상관없습니다.

야간대학에 6년이나 다니면서도 끝내 학위를 받은 것, 지난 1년간 효과적인 영업과 시간관리에 관한 책 10권을 읽은 것은 운과는 상관없습니다. 그러므로 지난해에 제가 회사에서 가장 좋은 실적을 올린 것은 운과는 전혀 관계없는 일이라고 생각합니다.

다만 굳이 요인을 찾아보면 제가 가지고 있던 긍정적인 마음가짐과 이에 따른 기대감이 제 실적과 많은 관계가 있는 것 같습니다. 저는 목표를 높게 잡습니다. 평균치의 10배 정도로 말입니다. 그리고 이것을 달성할 수 있다고 굳게 믿습니다.

저는 목표를 이루기 위해 계획을 짜고 그대로 따라 합니다. 매일매일 계획표에 있는 그대로 하다 보니 어느 순간 목표에 도달해 있는 저를 발견하게 되었습니다.”

“바로 그것이었군!” 톰이 외쳤다.

“이것이 마이크가 월등히 좋은 실적을 낸 이유였습니다. 10배의 실적 차이는 바로 마이크의 사고방식 때문이었습니다. 그는 10배 더 크게 생각했기 때문에 10배 더 똑똑한 사람이 되었습니다.

우리 모두 이것을 기억합시다. 우리의 긍정적이고 진취적인 사고방식이 우리의 지능지수보다 훨씬 더 중요하다는 것을 말입니다.”

최근 우리는 가시적인 성취 즉, 눈에 보이는 성과를 만들어 내는 것이 필수사항인 시대에 살고 있다. 그 결과 사람들이 느끼는 삶의 무게도 어느 때보다 무거워졌다. 여기에서 삶의 무게는 단순히 일에서 느끼는 부담을 말하는 것이 아니다.

직장뿐만 아니라 각자의 삶의 모든 부분에 똑같이 적용된다. 삶의 모든 분야에서 평균적인 능력만으로는 충분하지 않다는 이야기다. 가령 회사의 CEO, 매니저, 젊은 사원, 남편 혹은 아내, 아니면 어떤 모임의 리더든지 간에 그를 향한 기대치가 한층 높아진 시대다.

사람은 누구에게나 위대한 잠재력이 몸 안에 내재해있다. 그런데도 그럭저럭 살면서 평범한 삶에 만족하는 인생은 너무 허무하지 않을까? 그들에게 조금 더 기운차게 '도전하라!', 그래서 조금 더 '다르게 행동할 용기를 가져라'라고 말하고 싶다.

결국, 자신에게 잠재하는 '최고의 존재'를 이끌어낼 수 있다면 자신의 꿈과 목표를 이루는 것은 결코 불가능한 일이 아니며 그것이 '가장 자기다운 자기'가 되는 비결이기도 하다.

성공 비결은
조금 더 잘하는 것

흔히 하는 말로 어려운 문제는 가능하면 작게 쪼개라는 말이 있다. 이것은 뜻밖에 좋은 결과를 낳는 효과적인 기술이다. 여행자의 발걸음은 목적지가 가까워질수록 빨라진다고 한다. 인간은 목표가 보이기 시작하면 극도로 몰두하기 때문이다. 가능한 한 목표를 작게 쪼개서 하나씩 해결해 나가는 방법이 현명하다.

이 전략은 목표가 크면 클수록 더욱 효과적이다. 성공하는 사람과 평범한 사람을 가르는 사소한 차이는 큰 것이 아니다. 특별한 사람은 사람 자체가 특별한 것이 아니라 위대한 일을 하는 평범한 사람이다.

마찬가지로 비범한 실적을 거두는 회사나 조직 역시 그저 평범한 구성원이 힘을 합쳐 위대한 결과를 만들어 낸다.

다만, 주의해야 할 것은 장기적으로 폭발적인 힘을 발휘하고 위대한 결과를 만들어 내는 것은 작고 미세한 차이, 이른바 '간발의 차이'라는 것이다. 눈으로 보아서는 거의 알아챌 수 없지만 작은 차이는 분명히 다른 결과를 도출하는 요소다.

작은 것을
소홀히 한 대가는 크다

2012년 11월 15일 강원도 횡성에서 블랙이글 항공기 T-50B가 추락했다. 곧이어 공군은 사고의 원인은 정비사가 상승·하강 조종 장치를 손보면서 장치에 꽂았던 차단선을 빼지 않은 채 작업을 끝냈기 때문이라고 발표했다. 사고 원인 발표 사흘 전에 담당 정비사의 상관인 김모 준위가 부대 창고에서 관리 잘못을 자책하는 유서를 남기고 목숨을 끊기도 하였다.

항공기 조종계통장치를 정비할 때는 굵기 10cm의 가는 철사로 된 차단선을 꽂아 시스템과 분리하여 작업한 후 정비가 끝나면 차단선을 제거하는 방법을 사용한다. 차단선을 뽑지 않으면 의사가 수술 후 가위를 환자 배속에 둔 채 꿰매는 것과 같다. 혹은 잭으로 자동차를 들어 올려 수리한 후 그냥 출발하는 것과 다를 바 없다.

이렇게 어이없는 실수로 최첨단 컴퓨터로 가득 찬 항공기가 추락하고 앞길이 창창한 30대 정예 조종사가 목숨을 잃었다.

추락한 T-50B는 한국항공우주산업(KAI)이 생산하는 초음속 고등 훈련기인 T-50을 에어쇼용으로 개량한 것이다. 공군특수비행 팀(Team)인 '블랙이글'은 이 기종으로 2012년 여름 세계 최대 규모인 영국 와딩턴과 리아트 에어쇼에서 최우수상을 휩쓸어 국산 항공기의 우수성을 알리기도 했다.

T-50B는 성숙한 항공기의 기준인 5만 시간을 훌쩍 넘어 6만 시간 무사고 비행 기록을 세웠다. 그 결과를 바탕으로 한 대에 250억 원인 이 비행기를 2011년 인도네시아에 16대를 판매했고 이라크, 필리핀, 아랍에미리트 등에 수출을 추진하고 있었다.

T-50B 개발에 10년이 넘는 시간과 2조 원이 넘는 돈을 투자했으며 베테랑 조종사를 길러 내는 과정은 돈으로 따질 수조차 없다. 그런데 10cm 차단선 한 개를 안 뽑는 사소한 부주의가 이 모든 것을 물거품으로 만들었다. 사고는 큰일을 잘못해서 찾아오는 것이 아니라 이처럼 작은 실수에서 온다. 작은 것을 소홀히 한 대가치고는 너무 크다.

세계의 저명한 싱크탱크 가운데 부동의 1위 자리를 고수하고 있는 유명한 컨설팅 기관으로 미국의 랜드(RAND) 연구소가 있다. 이 연구소는 미국의 정치, 경제, 군사, 외교 등 각 분야의 중요한 정책 결정을 좌우한다고 한다. 당연히 각 분야의 내로라하는 전문가들이 포진해 있다.

랜드 연구소는 한국전쟁이 발발하자 중국의 태도를 예측하기 위해 막대한 자금과 인력을 투입하여 연구를 진행했다. 그 결과 '중국은 한국전에 참전할 것이다'라는 결론을 내렸다. 이 연구 결과를 미국 행정부가 당시에 최신 전투기 한 대를 살 수 있는 금액인 500만 달러에 샀다.

간단하게 요약한 결론의 보고서에는 380여 페이지에 달하는 자료를 첨부했는데 당시 중국의 상황을 세밀하게 분석한 것이었다. 보고서에 첨부한 자료에서 내놓은 다른 결론은 '중국이 참전하면 미국은 한국전에서 패배할 것이다'였다.

그러나 보고서를 받아본 관리들은 랜드연구소가 말도 안 되는 주장을 늘어놓으며 사기를 치고 있다고 보고서를 무시해 버렸다.

전쟁이 마무리되고 귀국한 맥아더는 "이번 전쟁의 가장 큰 실수는 전투기 한 대 가격인 보고서를 사는 일에 너무 인색하여 수백억 달러의 비용과 수십만에 달하는 미국 젊은이들의 생명을 희생시킨 것이다"라고 개탄했다고 한다.

기업의 사업전략이나 군사전략, 개인의 삶도 모두 마찬가지다. 단 하나의 결론을 얻기까지 수많은 문제를 수집하고 분석해야 한다. 그래야만 한층 높아진 기대치에 부응할 수 있다. 누구든 어떤 분야에서 탁월한 결과를 내는 것은 평범한 노력만으로는 안 된다는 이야기다.

그러나 상황이 어떻든 우리 주위에는 해가 거듭할수록 큰 성공을 이루는 사람이 많이 있다. 경기는 엉망이고 자금줄은 막혀 모두가 어렵다고 아우성이지만 이들은 항상 신기록을 세우며 잘나간다. 그들이 당신의 경쟁자가 아니면 좋겠지만 전혀 그렇지 않기 때문에 문제가 된다.

그러면 도대체 무엇이 그들을 승승장구하게 하는가? 성공한 사람과 평범한 사람, 높은 실적과 낮은 실적, 챔피언과 도전자 사이를 가르는 것이 무엇인지 궁금하지 않은가? 최상의 실적을 거두는 사람들과 팀(Team), 조직의 공통점은 도대체 무엇일까?

큰 성공은 남보다 단 한 걸음 앞선 것에서 나온다. 큰 차이는 사소한 작은 차이에서 시작한다. 이 책에서 지금부터 다루고자 하는 주제가 바로 그것이다.

결과를 내는 것은
'간발의 차이'

PGA에 데뷔한 첫 해에 타이거 우즈가 번 수익은 206만 6천 달러였다. 반면 같은 해 타이거 우즈와 같이 21번 투어에 참가했던 톰 레몬은 96만 1천 달러를 벌었다. 절반에도 못 미치는 금액이다. 하지만 사실 이것은 상당히 양호한 실적이다.

프로의 세계에서는 기량에는 큰 차이가 없어도 수입은 10배 이상 차이가 나는 사례가 허다하다. 가령 야구선수 류현진은 2013년 미국 메이저리그에 진출하면서 본인이 이전에 속했던 팀의 모든 선수의 연봉을 합한 것보다 더 많은 돈을 받고 이적했다.

그렇다면 우즈가 얼마나 좋은 경기 성적을 올렸기에 그토록 2위와 상금 차이가 나는 것일까? 우즈는 18홀 평균 69.1타를 쳤고 레몬은 69.6타를 쳤다. 18홀에 평균 0.5타 차이밖에 나지 않는다. 18홀 내내 단 1타도 아닌 반 타의 차이다. 즉, 아주 미세한 차이가 110만 5천 달러의 상금 차이라는 결과를 가져왔다.

어떤 일이든 마찬가지다. 무언가에서 승리한다는 것은 항상 미세한 차이가 작용했다는 것을 의미한다. 예컨대 올림픽의 하이라이트 종목 중의 하나로 100미터 달리기를 꼽을 수 있다.

시합이 시작되면 선수들은 자신이 세상에서 가장 빨리 달리는 사람이라는 것을 입증하기 위해 온 힘을 다해 달린다. 정말 보기만 해도 멋지다. 그런데 대개 1등과 2등은 그야말로 간발의 차이로 승부가 난다.

2004년 아테네에서 개최된 올림픽에서 미국의 저스틴 게이틀린은 9.85초의 기록으로 금메달을 땄다. 그 뒤를 이어 은메달을 딴 포르투갈

선수의 기록은 9.86초였다. 단지 100분의 1초 차이로 승패가 갈렸다. 물론 금메달의 가치는 굳이 설명할 필요도 없다.

작가 오그 만디노는 저서 《위대한 상인의 비밀(The Greatest Salesman in the World)》에서 성공의 비결이 무엇인지 이야기한다. 그는 책을 설렁설렁 읽고 끝내는 독자는 쉽게 찾을 수 없게 책의 마지막 부분에 가서야 그가 말하고자 하는 비밀을 알려준다.

그 성공의 비결이란 '평범한 사람보다 조금, 아주 조금만 더 잘하는 것'이라고 한다. 비밀치고는 너무 간단한가? 그래서 실망스러운가? 하지만 군더더기 하나 없이 명쾌한 진리임에는 분명하다. 평범한 사람이라도 평균을 조금만 넘어선다면 금방 눈에 띄고 그 결과 남보다 훨씬 더 큰 성공을 거둘 수 있다.

무슨 이야기를 하려는지 짐작이 가는가? 성공과 실패 사이에는 엄청난 틈이 있을 것이라는 믿음은 지극히 잘못된 생각이라고 이야기하는 것이다. 성공과 실패의 차이는 종이 한 장에 불과하다.

심리학에는 '스몰 스텝(small step) 원리'라는 것이 있다. 옛 속담 중 '천리 길도 한 걸음부터'라는 말과 같은 의미다. 아무리 황당한 목표라도 과정을 하나하나 밟아나가면 그것을 이룰 수 있다

파나마 운하를 건설할 때 가장 먼저 자신만만하게 덤빈 나라는 프랑스

였다. 그러나 프랑스는 19년간 이 사업에 관여했으나 뜻을 이루지 못했다. 실패 요인은 운하 건설이라는 엄청난 사업을 한 번에 해치우려고 했기 때문이다.

프랑스는 상당한 비용과 희생만 치른 뒤 계획에서 손을 떼고 말았다. 이때 실패의 주요 원인은 모기라고 한다. 모기의 방해로 공사를 진행하지 못했다.

프랑스에 이어 두 번째로 접근한 나라는 미국이었다. 그런데 미국의 접근방식은 프랑스와 사뭇 달랐다. 미국은 작은 부분부터 차근차근 접근해 나가기 시작했다. 가장 먼저 운하의 수위를 상하로 조정할 수 있는 갑문을 만들었고 이어서 말라리아의 원인인 모기 퇴치방법을 연구했다. 그리고 습지대에 기름을 부어 모기 발생을 막았다. 모기가 사업진행의 최대 방해물이었기 때문이다.

미국은 쉬운 모기 퇴치부터 하나하나 처리했다. 어찌보면 이것은 작은 일 같다. 그러나 이렇게 사소해 보이는 일부터 해결해 나간 결과 운하 건설이라는 큰 목표 지점에 도달할 수 있었다.

100만 달러짜리
구두닦이

| 잘 나가던 내셔널 금전출납 기록기 제조회사의 판매 총책임자였던 휴 칼머스는 재임기간에 자신의 직위뿐 아니라 그의 아래에 있는 수천 명의 세일즈맨 자리가 위태로운 최대 위기를 맞았다. 회사가 경영위기에 처한 것이다.

세일즈맨들은 이러한 소식을 듣고 판매의 열정을 잃었다. 매출이 감소하고 이에 따라 회사의 재정상태는 더욱 나빠져 회사공장이 있는 오하이오 주 데이튼에서 판매조직의 모임을 개최하였다. 전국 각지의 세일즈맨을 소집하고 칼머스가 이 모임을 주재하였다.

그는 세일즈맨들에게 한 사람씩 일어나 판매가 감소하고 있는 이유가 무엇인지 말해보라고 하였다. 이름이 불려 일어난 사람들은 하나같이 절망적인 분석을 내놓았다. 경영 사정이 나쁘고 자금이 모자라며 대통령 선거까지는 소비자들이 구매를 자제하고 있다는 보고와 분석이 잇따랐다.

다섯 번째 사원이 일어나 어려움을 호소하고 왜 예전 같은 판매기록을 유지할 수 없는지 말하기 시작하자 칼머스는 회의 테이블에 올라섰다. 그는 손을 들어 그의 발언을 막고서 '그만하시오! 10분간 쉽니다. 그동안 구두나 좀 닦읍시다'라고 말했다.

그의 말이 끝나자 옆에 앉아 있던 어린 소년이 구두닦이 도구함을 들

1. OODA 성취, 우다 사이클에 달렸다

고 와서 테이블 위에 올라 서 있는 그의 신발을 닦기 시작했다. 세일즈맨들은 경악했다! 어떤 사람들은 칼머스가 드디어 정신이 나갔다고 생각했다. 그들은 여기저기서 수군댔다.

그러는 동안에도 구두닦이 소년은 충분한 시간과 공을 들여 구두를 닦았다. 구두 닦는 일이 끝나자 칼머스는 소년에게 10센트의 돈을 건네주고 다시 연설을 시작했다.

"여러분, 이 흑인 소년을 보십시오. 그는 우리 공장과 사무실 직원의 구두를 닦을 수 있는 허가증을 갖고 있습니다. 이전에는 백인 소년에게 허가증을 주었는데 이 소년보다 나이가 좀 더 많습니다. 백인 소년은 수천 명이 일하는 이 공장에서 일하면서 회사에서 주급으로 5달러를 보조받았는데도 생계를 유지할 수 없었습니다.

그러나 지금 이 소년은 회사의 보조금 없이도 생계 걱정이 없을 뿐 아니라, 매주 수익금을 남겨서 돈을 저축하고 있습니다. 같은 사람이 일하는 같은 공장에 조건도 같은데 말이죠.

그럼 여러분께 묻고 싶습니다. 이전에 백인 소년이 실패한 것은 누구의 잘못입니까? 그의 책임입니까? 아니면 고객의 책임입니까?"

군중 속에서 일제히 대답이 들려왔다.

"물론 소년의 책임이지요!"

대답을 듣고 칼머스는 다음 말을 이어갔다.

"그렇다면 묻겠습니다. 지금 여러분이 금전출납 기록기를 같은 지역에 있는 같은 사람을 대상으로 1년 전과 같은 경영환경에서 판매하고 있는데 예전보다 판매가 부진한 것은 누구의 책임입니까? 여러분입니까? 고객입니까?"

또 다시 군중에서 대답이 나왔다.

"우리 책임입니다!"

"여러분이 책임을 인정하니 기쁩니다. 이제 여러분의 문제가 무엇인지 말씀드리겠습니다. 여러분은 지금 회사가 재정위기에 처해 있다는 소문을 접하고 열정이 사라졌습니다. 그래서 이전처럼 노력하지 않습니다. 여러분이 자신의 지역으로 돌아가서 30일 동안 각자 다섯 건만 판매해도 회사의 재정위기는 없을 것입니다. 할 수 있겠습니까?"

그들은 그렇게 하겠다고 대답하였고 또 실제로 해냈다. 이 사건은 내셔널 금전출납 기록기 제조회사의 역사에서 '휴 칼머스의 100만 달러 구두닦이'라는 유명한 일화가 되었다. 이 사건을 계기로 회사의 매출액은 급상승했다.

1. OODA 성취, 우다 사이클에 달렸다

| 　사소한 행동의 변화나 순간의 결정 때문에 엄청난 일이 벌어질 수 있는 것이 세상의 이치다. 이는 바꿔 이야기하면 누구라도 남보다 조금 더 노력하고 조금 더 자신감을 갖는다면 최고의 자리에 오를 수 있다는 것을 증명한다. 모든 것은 자기하기에 달렸다.

지금 하는 일에 약간의 추가적인 노력을 기울이면 지금 당장은 눈에 보이지 않더라도 그것이 차곡차곡 쌓여 시간이 흐르면서 놀라운 결과를 만들어낸다. 물론 때때로 어려움 즉, 역경이나 일시적인 실패도 따라온다. 문제는 그것에 대처하는 시각 내지는 자세다.

비록 잘 기억나지 않더라도 당신은 이미 수없이 많은 실패를 경험했을 것이다. 처음 걸음마를 시작했을 때 넘어졌을 것이고, 처음 말하려고 했을 때 거의 한마디도 못했을 것이다. 처음 스스로 옷을 입었을 때 당신은 우스꽝스러운 광대처럼 보였을 것이다. 그러나 당신은 포기하지 않았다.

처음 야구방망이를 휘둘렀을 때 안타를 쳤는가? 처음부터 줄넘기에 성공했는가? 처음 자전거 타기를 시도했을 때 완벽하게 성공했는가?

홈런을 잘 치는 장타자는 대부분 삼진아웃을 가장 많이 당하는 사람이다. 강타자 베이브 루스는 1,330개의 삼진 아웃을 당했지만 714개의 홈런을 쳤다. 로랜드 메이시는 자신의 백화점이 뉴욕에서 성공을 거두기까지 일곱 번 실패했다.

이렇게 사람은 항상 실패하지만 그것은 사실 성공의 일부분이다. 그러므로 계속 시도해라. 실패를 두려워하지 말고 시도하지 않았기 때문에 놓치는 기회를 걱정해라. 발전하는 삶을 살아가는 사람은 늘 실패를 경험한다. 다만, 죽은 사람이나 자포자기한 사람만이 실패를 겪지 않는다.

당신이 강한 신념으로 무언가를 시도하려 할 때 일시적인 실패를 경험할지도 모른다. 아니 반드시 경험할 것이다. 하지만 승자와 패자를 구분하고 장기적인 성공을 결정하는 것은 재능, 능력, 기회, 행운이 아니라 실패와 역경을 바라보는 시각과 그것을 처리하는 방식이다.

물론 다른 여러 가지 요인도 함께 작용하겠지만 성공의 가장 중요한 요인은 '실패나 역경에 대처하는 방식'이다.

폴 스톨츠 박사는《역경지수(Adversity Quotient)》라는 책에서 실제로 성공을 좌우하는 것은 역경지수 즉, 역경에 대처하는 방식이라고 말한다.

역경지수란 목표를 향해 나아갈 때 목표 지점으로 올라가는 사람이 감수하는 역경의 수준을 말하며 이는 또 다른 성공의 척도이다. 스톨츠 박사는 '인간은 태어나면서부터 본능에 따라 상승의 욕망이 있다'고 말한다. 하지만 성취도는 사람에 따라 다르게 나타난다.

예를 들어 등산할 때 산의 정상으로 갈수록 사람의 숫자가 감소하는 이

1. OODA 성취, 우다 사이클에 달렸다

유는 바로 역경지수에 차이가 있기 때문이라고 한다. 스톨츠 박사는 세 가지의 그룹 혹은 세 개의 역경지수 수준에 관해 이렇게 말했다.

첫 번째는 '많은 포기자들'로 이 그룹에 속한 사람은 힘든 일이 생기면 쉽게 목표를 포기한다.

두 번째 그룹은 소위 '중간에 머무르는 사람'이다. 이 그룹에 속한 사람들은 산을 오르다가 힘들면 좋은 자리를 찾아 텐트를 치고 그곳에 머무른다. 이들은 변화를 기회로 받아들이지 않고 골칫거리로 생각한다.

세 번째 그룹은 '목표 지점까지 오르는 사람'이다. 이들은 자신의 목표 지점에 도달하기로 굳게 결심하고 꿈을 이루기 위해 온 힘을 다한다. 또한, 이들은 성공이란 종착점이 아니라 '과정'이라는 사실을 잘 알고 있다. 도중에 쓰러져도 다시 일어나서 계속 더 높은 목표를 향해 도전한다. 그리고 긍정적인 생각과 행동으로 장애물을 만나도 절대 멈추지 않는다. 또한, 장애물이나 실패를 불편한 것으로 받아들이며 목표로 향하는 과정의 일부라고 생각한다. 목표에 도달하기 위해 어떠한 난관도 마다하지 않는다.

산을 오르면서 목표인 정상을 향해 계속 전진하는 사람과 중간에 포기하고 안주하는 사람은 간혹 같은 장소에서 만날 수도 있다. 그러나 중간에 포기한 사람은 그곳에 완전히 안주하지만, 정상을 향해 계속 오르는 사람은 그곳을 잠시 쉬어 가는 곳으로 생각한다.

어떤 사람은 항상 최상의 실적을 유지하지만 다른 누군가는 어쩌다 한 번 좋은 결과를 내다가도 곧 다시 평균 이하로 떨어지는 경우가 많다. 그들은 스스로 제동을 걸어놓은 상태로 인생을 살아간다.

이는 자신이 가진 잠재력을 모두 발휘하지 않는다는 말의 다른 표현이다. 중요한 것은 사람이 가지고 있는 힘이다.

세계적인 농구 스타 마이클 조던은 '재능은 게임에서 승리를 안겨준다. 그러나 팀워크는 리그의 우승을 가져 온다'라고 말했다. 개인을 강조하면서 팀의 중요성도 이야기하므로 상당히 모순적인 이야기로 들린다.

또 그는 '팀(TEAM)에는 I(나)가 없지만 윈(WIN)에는 그것(I)이 있다'고도 이야기한다. 이 말은 팀에서 한 사람인 '나'의 역할을 잘 말해준다.

우리는 대개 '나 자신보다는 자기가 속해 있는 팀'을 먼저 생각하라고 배워왔고 그렇게 하는 것이 옳다고 생각한다. 그러나 팀(TEAM)에는 나(I)가 없다. 내가 있어야 팀도 있다. 역설적이지만 승리하는 팀이 되기 위해서는 '한 사람'의 힘을 잘 이해해야 한다.

2차 대전의 영웅 조지 패튼 장군은 전선에 나가는 병사들에게 '제군들! 너희가 조국을 지킨다는 어쭙잖은 이야기는 집어치워라!! 너나 죽지 말고 살아 돌아오라'고 이야기했다.

그리고 앞으로 다룰 우다(OODA) 사이클의 공중전에서도 '적 비행기 몇 대를 격추하는 것보다 아군이 생존하는 것이 더 중요하다'고 한다. 이 말은 '당신의 가장 약한 부분이 바로 당신의 전력(戰力)이다'라는 말로 설명할 수 있다. 단 한 사람 때문에 팀 전체가 약해질 수도 있고 반대로 단 한 사람 때문에 강해질 수도 있다.

이처럼 본인이 가장 먼저 집중해야 할 대상은 바로 자신이다. 그 다음에 자기가 속한 조직에 집중해도 늦지 않다. 그러므로 이 책을 읽으면서 할 일은 오직 자기 자신에게만 집중하는 것이다.

혹시 '맞아, 이 부분은 그 친구가 알아야 하는데!'라는 생각이 자꾸 든다면 바로 그 생각을 멈춰야 한다. 그리고 이 책의 생각을 어떻게 자기(그가 아닌 당신)의 삶에 바르게 적용할 수 있는지만 생각하라.

우다 사이클,
경쟁자보다 빠를 것

한국 전쟁 당시 한반도는 미국과 소련이 개발한 제트 전투기가 처음 공중전을 벌인 전장이었다. 1950년 11월 한반도 상공에 첫 선을 보인 미그(Mig)-15기는 당시 미국 공군의 주력 제트기 F-86보다 성능이 앞서 미군 조종사에게 공포의 대상이었다.

이때 미그-15기와의 공중전에서 살아남은 미국 공군 장교 존 보이드가 작성한 훈련 교범이 바로 '우다 사이클'이다. 이 교범의 핵심은 소유한 무기의 성능이 다소 떨어져도 적보다 빨리 사이클을 실행하면 이길 수 있다는 것이다.

존 보이드가 개발한 우다 사이클의 개념은 '목표를 관찰하고(Observe), 방향을 설정한 뒤(Orient), 최선의 대응책을 결정해서(Decide), 즉시 행동하라(Act)'는 것이다. 이후 우다 사이클은 미국 공군의 전략적 대응원칙이 되었으며 나아가 정치, 스포츠, 기업경영 등 승부의 세계에서 두루 적용하는 공식으로 정착됐다.

뉴욕 타임스의 칼럼니스트 토머스 프리드먼도《미국 쇠망론(That Used To Be Us)》에서 미국이 쇠퇴하는 이유를 '우다 사이클'을 들어 설명했다.

"오늘날 미국의 우다 사이클은 너무 느리고 종종 혼란스럽다. 현재 미국의 정치적 담론을 살펴보면 관찰, 방향 설정, 의사결정, 행동이라는 측면은 전혀 찾아볼 수 없다. 잦은 고성, 자기주장 옹호, 편 가르기, 결정 회피만 있다. 급변하는 현실을 고려하면 변화를 관찰하고 방향을 설정한 뒤 의사를 결정하여 행동에 착수하는 국가의 속도가 다른 무엇보다도 중요하다."

프리드먼이 고민하는 국가의 속도는 미국뿐만 아니라 오늘의 우리나라 상황에도 고스란히 적용할 수 있다. 우다 사이클에 적정 속도란 없다. 그래서 존 보이드는 '적보다, 경쟁자보다 빠를 것'을 강조한다.

삼성전자의 성공요인, 우다 사이클

| 1950년 10월 중순 중국 제13 병단 소속 병력

이 참전을 위해 압록강을 건너고 뒤이어 11월 8일에는 만주기지에서 출발하여 압록강을 건너온 전투기 미그-15기가 미군 전투기 F-80기에 급강하 폭격을 가했다. 소련제 미그기와 미군 전투기와의 역사상 최초의 공중전이었다.

그 당시 미국 극동공군의 추산으로는 중국은 전투기 200대, 폭격기 TU-2기 75대, 수송기 27대를 보유하고 있었다고 한다. 중국이 보유한 미그-15기는 미군이 보유한 F-51 전폭기, F-80 전투기, F-86 전폭기보다 속도, 상승속도, 내측 선회능력이 우수한 것으로 평가된다.

그러므로 처음에는 미군기가 상대가 안 되었지만, 한국전쟁에서 전설적인 명성을 날렸던 미군 전투기 조종사 존 보이드 대령은 F-86 전투기를 몰고 다수의 미그-15기를 공중전에서 격추했다고 한다. 그 후 존 보이드는 자신의 전투기 공중전 경험을 바탕으로 전투이론을 정리하였다.

미군기(F-86)는 소련제 미그-15기보다 앞을 내다보는 유리창이 넓어서 적 전투기를 빨리 발견하고 공격하는데 유리하였으며, 특히 유압계통의 기계장치가 빨리 작동하는 등 여러 가지 면으로 우수했다고 한다.

이러한 장점을 확인한 존 보이드는 상황판단과 의사결정을 빨리하고 그 결정을 즉각 실행 할 수 있으면 전투기 공격에서 기습효과가 자동적으로 높아져 전투에서 반드시 이길 수 있다고 생각했다.

즉, 아군이 관측과 상황판단을 마치고 공격방법 결정을 끝낸 시점에서

1. OODA 성취, 우다 사이클에 달렸다

상대방 전투기는 겨우 아군 전투기를 발견하고 상황판단 단계에 머물러 있다면, 아군 전투기가 선제 공격권을 가진 유리한 상태에서 적 전투기를 공격하여 격추한다는 논리다.

이러한 전투적인 상황을 군사용어로 정리한 것이 바로 우다 사이클(OODA cycle)이다. O(Observation 인지하고), O(Orientation 방향을 설정하며), D(Decision 신속한 결정을 하고), 그 결과로 즉각적인 A(Action 행동을 한다)를 실행한다는 논리다.

이렇게 전격적으로 이어지는 과정을 통틀어 가리키는 말이 '우다 사이클'이다. 기존의 기동력과 화력을 중심으로 설명하던 전쟁이론과는 확연한 차이를 보이면서, 전쟁에서 시스템과 시스템의 상호대결이라는 새로운 모델이 등장하게 되었다.

우다 사이클은 '발견—접근—공격—기동—이탈'로 이루어지는 '공중전의 5단계' 같은 개념은 아니다. 우다 사이클은 판단과 결심 절차에 주안점을 두고 있고, 공중전의 5단계는 구체적인 행동절차를 나타낸다.

각각의 단계에서 우다 사이클을 포함할 수도 있으므로 우다 사이클과 공중전의 5단계는 각 단계를 1:1로 대응할 수 있는 것이 아니라 서로 별도로 존재하는 개념이라고 볼 수 있다.

손자병법을 잠시 빌려보면 전투는 승리해 놓고 싸운다고 하였다. 싸우면서 승리를 만들어 가는 것이 아니라고 한다. 상황이 불리해도 싸움을 지속하는 것은 한낱 요행을 바라는 것에 지나지 않는다. 이럴 때는 빨리 이탈하여 상황을 재구성하거나 교전을 중지해야 하며 제대로 판단한 이탈은 유리한 기회를 만들기 위한 전술적인 판단이 된다.

우다 사이클의 모델은 전투에만 적용할 수 있는 것은 아니다. 사회의 변화에 대응하여 기업을 경영해야 하는 경영자뿐 아니라 치열한 경쟁시대를 살아가는 개개인의 삶에도 적용할 수 있다. 우다 사이클을 적용하면 사회생활이 더욱 보람 있고 삶이 풍족해질 수 있다.

삼성전자가 애플을 누르고 스마트폰 전쟁에서 이긴 것도 바로 우다 사이클을 제대로 적용한 결과라고 할 수 있다. 〈전자신문〉 2012년 7월 12일자 기사를 보자.

"우리나라 소프트웨어(SW) 산업이 글로벌 경쟁력을 갖추기 위해서는 'OODA(Observe · Orient · Decide · Act)' 사이클을 개발 작업에 적용시켜 민첩성을 갖추는 게 가장 핵심입니다."

12일 서울 강남노보텔 앰버서더 호텔에서 개최된 7월 한일 IT경영 협의회 정기 모임에서 이상은 SW 공학 센터장은 '소프트웨어 글로벌 경쟁력을 위한 세 가지 원칙' 이라는 주제 발표를 통해 이같이 강조했다.

그는 공중전에서 상대방 조종사와 싸울 때 적용되는 '관찰 · 방향 설정 · 결정 · 실행(OODA)' 사이클에서 국산 SW의 글로벌 경쟁력의 해법을 제시했다.

1950년 6 · 25 전쟁에서 미국과 소련 전투기가 공중전을 펼쳤을 당시 미국의 전투기는 기능과 성능이 소련의 10분의 1에도 미치지 못했다. 그럼에도 미국 전투기가 이길 수 있었던 데는 전투기 조종사들의 '우다 사이클' 적용으로 미국 전투기가 자동핸들링 기능 등으로 민첩하게 대응할 수 있도록 설계됐기 때문으로 알려져 있다.

이상은 센터장은 삼성과 애플의 스마트폰 전쟁에서도 이 같은 양상이 그대로 펼쳐지고 있다고 설명했다.

세계 스마트폰 시장의 3.2퍼센트를 차지하던 삼성전자가 불과 2년 만에 아이폰 점유율 24.1퍼센트를 따라잡았다. 최근 미국 컨슈머 리포트에서는 갤럭시S3를 최고의 스마트폰으로 꼽았다.

이 센터장은 '지난 2년간 애플은 메이저 릴리스 2번, 마이너 릴리스 2번을 발표했지만 삼성은 메이저 릴리스만 무려 다섯 번 이상을 발표했다' 면서 '삼성전자가 시장에서 받아들여질 정도의 기능과 품질만을 갖추면서도 지속적으로 시장의 요구에 민첩하게 대응했던 것이 글로벌 경쟁력을 갖추는 지름길이었다' 고 말했다.

그는 이어 '삼성전자도 우다 사이클을 빠르게 했던 것이 성공 요인'

시스템과 시스템
대결의 새모델

우다 사이클은 우리말로 간단히 설명하면 '판단 및 결심의 주기'라고 할 수 있다.

첫 단계는 경쟁적 관찰(Competed Observation)이다. 이것은 정보 수집에 우선을 두는 것으로 적을 발견할 때처럼 재빨리 주변을 파악하여 정보를 인지하고 수집하는 단계를 말한다. 모든 전술적인 행동이나 판단은 우선 적군을 발견한 후에야 가능하다. 일단 먼저 발견을 해야 다음 행동을 실행 할 수 있다.

두 번째 단계는 상황판단(Orientation)이다. 수집한 정보를 바탕으로 아군의 위치가 유리한지 불리한지 현재 상황을 신속하게 판단하는 단계다. 적을 발견하면 적과 주변 아군의 상황을 파악해야 한다. 이때 필요한 것이 상황 인식능력(Situation Awareness)이다. 상황판단을 해야만 불리한지 유리한지 판단할 수 있고 그 결과 무엇을 해야 할지 결심할 수 있다. 결국 정확한 상황판단은 추후의 결심과 행동에 직접적인 영향을 끼친다.

세 번째 단계는 결심(Decision)이다. 상황판단을 하고 나면 주변 상황에 비추어 교전이냐, 이탈이냐, 적을 유인할 것이냐 등등 취할 행동을 결심해야 한다.

네 번째 단계는 행동(Action)이다. 일단 결심하고 나면 과감하게 실행해야 한다. 행동이란 공격과 교전을 말할 수도 있고 혹은 이탈 행위나 기타 사전에 결정한 모든 종류의 결심을 포함할 수도 있다. 이때 우물쭈물 망설이면 적에게 선제공격을 당하므로 확신을 갖고 능동적으로 행동할 필요가 있다.

물론 전술적 행동이란 상황판단에 따른 결심을 수행하는 절차여야 하며 만약 결심하지 않았던 행동을 하고 있다면 적의 의도에 말려 수동적으로 행동하는 것과 같다. 여기서 반드시 기억해야 할 것은 '자신의 결심'대로 행동해야 한다는 것이다. '상대방의 결심'대로 행동하면 안 된다.

우다 사이클은 주변 상황이 바뀌고 새로운 전투가 발생함에 따라 계속 반복된다. 이러한 측면에서 존 보이드 대령은 자신의 교범을 '주기(loop)'라고 표현했다. 이때 대령이 주목한 점은 O→O→D→A 과정으로 이어지는 전투행위 과정에서 우다 사이클을 더 빠르게 순환, 회전시켜 적 전투기보다 우위를 확보하는 것이었다.

그러면 존 보이드 대령은 이러한 아이디어를 어디에서 찾아냈을까?

뜻밖에도 동양의 고전이라고 부르는 '손자병법'에서 착안했다고 한다. 적을 잘 알고 빠른 과정으로 선제공격하면, 적에게 심리적 갈등을 일으켜 당황한 적을 쉽게 굴복시킬 수 있다고 한다.

이 이론의 실제적인 적용에는 IT 기술의 발전이 매우 중요한 역할을 한다. 첨단 정보기술을 통해서 전장상황을 상대보다 먼저 인식하고 그 인식을 바탕으로 신속한 결정을 내리므로 '지휘의 속도' 가 매우 빨라져 전투를 승리로 이끌 수 있다.

군사학을 넘어
사회 전체에 응용

| 현재 미군은 존 보이드 대령이 제안한 우다 사이클을 공식적인 전투수행 개념으로 적용하여 발전시키고 있다. 이를 S→U→A→F의 과정이라고 한다.

1) 먼저 보고(See First)

2) 먼저 이해한 후(Understand First)

3) 먼저 행동해서(Act First)

4) 결정적으로 전투를 종료한다(Finish Decisively)

우다 사이클은 따로 명백히 구분하기보다는 때로는 구분할 수 없을 정도로 짧은 시간에, 혹은 순간적으로, 혹은 동시에 이루어지기도 한다. 또한, 한 번의 절차로 끝나는 것이 아니라 사이클에서 보듯이 전투 내내 전 과정 또는 부분적인 과정을 전투가 일단락될 때까지 반복할 수도 있다.

이것을 가상의 예를 들어 설명하면 다음과 같다.

1. 편대 A는 적을 발견하였다. (① Observation)

   적기는 두 대이고 낮은 고도에 있으며 기종은 ×××였다.
   (② Orientation)

2. 편대 A는 이들과 교전하려고 편대장을 포함한 두 대가 공격하기로 했다. (③ Decision)

3. 편대장과 윙맨은 후방에서 강하공격에 들어갔다. (④ Action)

4. 교전이 계속되면서 전투는 선회전으로 빠졌고 윙맨은 격추되었다. (④ Action과 동시에 ② Orientation)

5. 편대장은 상공에 남아있던 나머지 편대원 두 대의 도움을 받기로 했다. (③ Decision)

6. 그들에게 교전 명령을 내려 한 대의 적기를 격추하고 남은 한 대는 도주했다. (④ Action)

이상은 임의로 만든 상황이며 상황 자체의 묘사보다는 우다 사이클이 어떻게 실전에서 나타날 수 있는지 보여준다. 예에서 알 수 있듯이 전투 중 우다 사이클의 전체나 일부가 한 번의 전투에서 2회 이상 반복될 수도 있고(위에서는 2회 반복), 다음 단계의 절차를 동시에 또는 순간적으로 연결하여 수행할 수도 있다.

그렇다면 어떻게 해야 우다 사이클을 통한 우세를 차지할 수 있을까? 우선 1단계인 발견을 먼저 하는 것이 최초의 우선권을 잡기 위한 중요한 사항이며 그 후에는 될 수 있으면 빨리 각 단계를 밟아나가면 된다.

이렇게 존 보이드 대령은 전쟁의 핵심은 우다 사이클을 통해 교전 당사자의 상대적인 움직임을 보고 사이클을 빨리 반복하여 상대의 우다 사이클을 붕괴시키는 것이 전쟁의 승리를 좌우한다고 한다.

즉, 자신의 우다 주기를 빠른 속도로 반복하면 적은 상대적으로 느리기 때문에 대응 행동에 연이어 실패하고 대응 행동 실패의 누적과 주기 속도의 격차 때문에 공황상태(전략 마비)에 도달한다고 한다.

기동력과 화력을 중심으로 설명하던 이전의 전쟁 이론과는 달리 우다 사이클은 네트워크 중심 전쟁의 바탕을 이루는 개념으로 현대전쟁 이론 발전의 시작점이 되었다.

이른바 전쟁에서 시스템과 시스템의 대결이라는 전혀 새로운 구도를 형성하면서 군사학을 넘어 정치, 사회, 스포츠, 기업경영 등 사회 일반에

1. OODA 성취, 우다 사이클에 달렸다

전체적으로 응용할 수 있다.

이 책에서는 우다 사이클을 '성공학'이라는 자기계발 분야에 적용해 보려고 한다.

엔테베 구출작전
(Entebbe Raid)

1976년 6월 27일 승객과 승무원 268명이 탑승한 채 이스라엘의 텔아비브에서 출발해 프랑스 파리로 향하던 에어 프랑스 항공사의 여객기가 중간 기착지인 그리스의 아테네를 이륙한 직후 7명의 중무장한 테러리스트에 의해 공중납치 되었다. 납치범은 과격 행동단 소속의 독일인 두 명과 인민해방 전선 소속 팔레스타인 두 명이었다. 도중에 세 명의 납치범이 더 합류했다.

납치된 항공기는 급유를 위해 리비아의 벵가지 공항에 착륙했고, 그곳에서 출혈이 심한 영국인 여성 한 명을 석방했다. 여객기 승객의 3분의 1 정도가 유대인이었다. 벵가지 공항을 이륙한 비행기는 수단에 착륙하려 했으나 수단 정부의 착륙거부로 우간다의 엔테베 공항에 착륙했다.

그들은 엔테베에서 이스라엘인으로 보이는 사람을 제외한 일부 승객을 풀어주었고 이스라엘, 케냐, 서독 등에 갇혀 있는 52명의 동료 테러리스트의 석방을 요구하며 나머지 승객을 인질로 삼았다.

납치범들은 그들의 협상대표로 우간다 주재 소말리아 대사를 지명했고 프랑스 정부 대표로는 우간다 주재 프랑스 대사를 지정했다. 그러나 우간다의 독재자 이디 아민은 프랑스 대사의 협상 참여를 제지하고 대신 자기가 테러리스트와 협상하겠다고 발표한다.

납치범들은 요구조건 수락 시한을 7월 1일 오후 2시까지로 정하고 52명의 동료 테러리스트를 엔테베 공항으로 데려올 것을 주장했다. 그리고 조건을 들어주지 않으면 인질을 살해하겠다고 협박했다.

사건 발생 초기에는 이스라엘을 포함한 관련 당사국들은 납치범의 협박에 굴복할 기미가 전혀 없었으며 테러리스트와의 협상불가 방침을 밝히기도 했다. 게다가 주요 협상 당사자인 이스라엘은 테러범과의 협상에서 지금까지도 지키고 있는 중요한 원칙이 있다. 그것은 바로 '테러리스트와는 어떤 협상도 하지 않는다'는 원칙이다.

당연히 이스라엘 정부는 협상하지 않는다는 태도를 처음부터 밝혔다. 그러나 이스라엘 내부에서는 인명을 중시하자는 여론이 일어났고 인질의 가족이 격렬히 항의하며 총리실에 난입하여 점거하였다. 궁지에 몰린 이스라엘 정부는 초기의 강경한 태도에서 벗어나 인실의 식빙을 위해 납치범과 협상할 것이라고 밝혔다.

납치범은 이스라엘 정부를 더 압박하기 위해 유대인을 제외한 인질을

1. OODA 성취, 우다 사이클에 달렸다

풀어주었다. 이때 풀려나던 프랑스인 기장과 승무원들은 승객을 보호하는 일이 자신들의 의무라며 비행기에 남았다.

이제 106명(승무원 12명 포함)이 인질로 남았다. 결국, 압력에 굴복한 것처럼 이스라엘 정부는 인질범과 협상을 시작했고 시한은 7월 4일로 연장됐다. 동시에 이스라엘 내부에서는 국방장관 시몬 페레스의 총지휘 아래 엔테베 구출작전을 시작했다.

이스라엘 정부는 '테러리스트와의 타협불가'라는 강경정책을 고수하고 있었기 때문에 사건발생 직후부터 특공대에 의한 인질구출작전은 어느 정도 예견된 사항이었다. 하지만 구출작전은 불가능에 가까웠다.

우선 이스라엘에서 아프리카 우간다의 엔테베 공항까지의 거리는 4,000km를 넘었고, 비행기로 가더라도 적대국의 영공을 통과해야만 했다. 더구나 인질이 잡혀있는 엔테베 공항의 우간다 정부는 이스라엘에 비협조적이었고 납치범들은 아민 대통령의 지원을 받고 있었다. 그 당시 우간다를 다스리던 독재자 이디 아민은 납치범 쪽으로 기울어져 있었다. 그러나 어떤 상황에서도 작전은 결코 포기할 수 없었다.

우선 이스라엘의 정보기관인 모사드를 통해 엔테베 공항의 정확한 정황을 파악하기 시작했다. 납치범, 인질, 공항구조, 우간다 정부군의 배치 상황에 관한 정보를 수집했고 미국으로부터 엔테베 공항의 위성사진과 첩보자료를 입수하는 한편 엔테베 공항 공사에 참여한 건설회사로부터 공항의 구조와 도면을 입수했다.

6월 30일에는 추가로 유대인을 제외한 인질을 석방했고 석방된 인질로부터 엔테베 공항, 테러리스트, 우간다 정부군 배치상황 등에 관한 세밀한 정보를 입수하여 구출작전의 계획은 한결 수월해졌다. 또한, 석방 인질들을 면담해 납치범의 무장 상태와 항공기 내부 상황을 세밀하게 파악했다.

한편으로는 과거 우간다군의 훈련을 맡았던 퇴역 장교들을 활용해 수시로 아민과 통화하며 정보를 수집해 나갔다. 구출 작전에 투입될 특공대는 이런 정보를 토대로 급하게 만든 엔테베 공항의 모형에서 맹렬한 훈련을 시작했다.

특공대는 공군기지에서 작전명 썬더볼트(Thunderbolt)에 따라 인질구출 작전 리허설을 반복적으로 실시했다. 작전에 투입할 특공대는 이스라엘 육군 최정예인 제35공수여단과 세계 최고의 훈련 수준을 자랑하는 특수부대 '사이렛 매트칼(Sayeret MATKAL)' 등에서 선발한 대원이었다.

드디어 7월 2일 시몬 페레스 국방부 장관은 구르 참모총장에게 인질구출작전에 관한 세부지침을 내렸다. 이에 따라 구출작전에 투입하는 특공대는 6대의 항공기로 편성하기로 하고 엔테베와 이스라엘 긴의 비행계획, 공항 습격계획, 인질구출 요령 등을 작성했으며 비상사태에 대비한 계획도 수립하였다.

중간 급유계획은 이스라엘에 우호적인 케냐의 나이로비로 결정하고 제반조치도 완료했다. 구출작전의 지휘관은 공수여단장 덴 솜론이 맡았고 특공대장은 요나탄 네타냐후 중령이었다.

7월 3일 오후 3시 30분 구출작전의 내각 결정이 내려지기 20분 전 특공대는 C-130 허큘리스 수송기 네 대, 보잉 707기 두 대에 나눠 탄 최정예 특수부대요원 100명이 엔테베로 출발했다.

총 지휘는 이스라엘 공군 사령관과 총참모부의 작전사령관이 다른 비행기에 탄 채 상공에서 지휘했다. 이웃 국가인 이집트와 사우디아라비아의 레이더망을 피하고자 불과 20m가 안 되는 초저고도로 홍해 바다 위를 비행했다.

특공대는 이스라엘 전투기의 호위를 받으며 저공으로 비행한 끝에 계획대로 7시간 만인 22시 45분에 우간다의 빅토리아 호수 상공에 도착했다.

구출계획의 착수부터 집행까지 걸린 시간은 불과 6일이었다. 구출작전에는 운도 따랐다. 특공대가 비행기로 이동할 때 케냐의 레이더망에 잡혔다. 그러나 우간다와 비우호적이었던 케냐는 이 결정적인 정보를 전달하지 않았다.

한편, 보잉 707기 1번 기는 엔테베 남쪽 빅토리아 호수 8천 미터 상공을 선회하며 특공대의 지원과 본국의 작전본부와 통신망을 유지했고, 2번 기는 작전과정에서 발생할 수 있는 부상자의 치료와 후송을 위해 케냐의 나이로비에 대기하고 있었다.

이윽고 특공대와 작전에 필요한 장비를 탑재한 네 대의 C-130 허큘리스 수송기와 지원항공기를 공항에 진입시켰다. 우간다 상공에 다다른 후 엔테베 공항으로 비행하여 관제탑에는 협상에 따라 석방할 테러리스트를 태울 수송기라고 속이고 자정쯤 활주로에 무사히 착륙했다.

공항에서는 다시 한 번 적의 눈을 속이기 위해 모든 조명을 끈 상태로 착륙했다. 조명도 없이 시도하는 위험한 착륙은 야시경을 착용하고 시나이 반도에서 야간 착륙시험 훈련을 한 덕택에 성공할 수 있었다.

일단 공항에 착륙한 뒤 깊은 밤을 틈타 특공대는 재빨리 작전을 전개했다. 네타냐후 중령의 지휘로 특공대원들은 이디 아민 대통령의 개인리무진으로 위장한 검정 벤츠와 몇 대의 자동차에 나눠 탔다. 그리고 대통령 아민의 행차인 것처럼 행세하여 인질이 있는 곳으로 접근을 시도했다.

그러나 한 우간다군 경비병이 대통령의 자동차가 흰색으로 바뀌었다는 것을 기억하고는 의심을 품었다. 특공대는 바로 경비병을 사살하고 활주로 터미널로 달려갔다. 이때 마주친 두 명의 납치범도 그 자리에서 사살했다.

이 순간 공항 전체가 정전되고 허큘리스 4번 기에서 조명반을 쏘이 올려 특공 대원을 측면지원하기 시작했다. 특공대는 엔테베 공항의 전기를 끊어 순간적으로 암흑 상태로 만든 후 곧바로 터미널 내부로 진입했다.

터미널 밖에서는 특공대원들이 입구에 있던 납치범 2명을 사살하고 건물 내로 진입했다.

그곳에는 납치범과 인질이 함께 있었다. 깜깜한 가운데 표적과 인질을 어떻게 구분할 것인가? 그 순간 특공대는 유대인만 알아듣도록 히브리어로 소리쳤다. '엎드려!'

이때 특공대는 그 소리를 못 알아듣고 엉거주춤 서 있던 두 명의 테러리스트를 정확한 사격으로 사살했다. 추가로 터미널 밖에서 응시하는 두 명의 테러리스트 역시 사살했다. 테러리스트를 사살하고 인질을 구출하기까지 걸린 시간은 정확히 1분 45초였다.

총격전은 불과 105초 만에 끝났으나 우간다군의 반격이 시작되었다. 총소리를 듣고 우간다 경비병들이 몰려왔고 특공대는 C-130 허큘리스 수송기에서 보병전투 차량을 몰고 나와 이들을 향해 대전차 미사일과 기관총을 퍼부었다. 그리고 폭파 팀은 우간다 공군의 추격을 막기 위해 공항에 있던 11대의 미그기를 파괴했다. 그들이 추격하여 철수를 방해할 것을 우려해서였다.

허큘리스 1대는 착륙하여 지상에 있는 이스라엘군을 엄호하여 인질들의 수송기 탑승을 도왔다. 이 모든 일이 끝날 때까지 걸린 시간은 53분이었다. 전 세계가 놀란 구출작전이었다.

작전 중 특공대원 한 명이 전사했고 테러리스트는 전원 사살됐으며 우간다군은 40여 명이 사망했다. 이스라엘 특공대 중 유일하게 사망한 사람은 바로 구출 작전의 지휘관 요나탄 네타냐후 중령이었다. 그 당시 30세였다. 이후 이스라엘에서는 진두에서 지휘하다가 전사한 요나탄 네타냐후 중령을 기려 이 작전을 '요나탄 작전'이라 부른다.

이렇게 엔테베 구출작전은 정부의 신속한 대응과 과감한 결심, 그리고 작전부대의 치밀하며 집중적인 훈련과 민첩한 작전수행 및 치명적인 사격 등이 잘 어우러진 한 편의 드라마 같은 작전이었다.

이것은 또한 우다 사이클, 즉 '목표를 관찰하고(Observe), 방향을 설정한 뒤(Orient), 최선의 대응책을 결정해서(Decide), 즉시 행동하라(Act)'라는 전략적 대응원칙에 충실히 따랐던 작전이기도 하다.

1. OODA 성취, 우다 사이클에 달렸다

부자가 되려면 이렇게 해라!

나폴레온 힐은 굳건한 의지를 갖춘 인물이다. 여러 가지 악조건에도 그는 생애 중 25년 이상을 성공한 사람과 면담하고 그들을 연구하는데 보냈다. 그러면 그의 연구목적은 무엇이었을까? '왜 실패하는 사람은 많고 성공하는 사람은 아주 적은가?' 하는 이유를 논리적으로 분류, 정리하는 것이 연구목적이었다.

지난 100여 년 동안 성공에 관한 수많은 책이 나왔다. 그 책들이 누구에 의해 어떤 형식으로 쓰였든 한 가지 분명한 사실은 그 책들은 나폴레온 힐 박사의 연구결과에 뿌리를 두고 있다는 점이다. 그의 불후의 베스트셀러인《성공의 법칙(The Laws of Success)》은 의심의 여지 없이 성경을 제외한 다른 어떤 책보다 금세기 사람들에게 더 많은 영향을 미치고 있다.

《생각하라, 그리고 부자가 되라(Think and Grow Rich)》는《성공의 법칙》을 읽기 위한 입문서로 간결하고 읽기 쉽다. 그러나 이 책마저도 16개 국어로 번역되어 수많은 사람에게 큰 영향을 끼쳤다.

《성공의 법칙》에는 토머스 에디슨, 큐러스 커티스, 윌리엄 호워드 탑트, 우드로 윌슨, 윌리엄 니그레이, 존 와나메이커, 죠지 이스트만, F. W. 울워스 같은 위대한 사람들의 돈으로 환산하기 어려운 값진 고백이 담겨 있다.

이런 불멸의 책을 통해 힐은 학교에서 배운 지식이 일상생활에서나 부를 축적하는 데는 거의 가치가 없다고 확신했다. 그럼 부자(富者)가 되려면 어떻게 해야 하는지 박사의 이야기를 들어보자.

우리는 대개 정도의 차이는 있지만 성공하고 큰 부(富)를 얻고자 하는 목표가 있습니다. 그런 목표를 이루고자 한다면 두 가지가 필요한데 그것은 분명한 목적 즉 원하는 것을 정확히 아는 것과 불타는 욕망입니다.

욕망은 황금으로 환원될 수 있다

사람들이 일시적인 패배에 직면했을 때 그냥 체념해 버리는 것이 가장 일반적인 실패의 원인 중 하나입니다. 누구든지 이런 경험이 한두 번은 다 있을 것입니다. 다만 그 일을 통해 어떤 교훈을 얻었느냐가 중요하겠지요.

어떤 사람이든 인생에서 성공에 도달하기 전에 잠시의 패배라든가 얼마간의 실패에 부딪히기 마련입니다. 그러한 패배에 직면할 때 가장 쉽고 가장 빠른 결론은 포기하는 것입니다. 우리 주위의 대다수 사람이 바로 그런 결정을 합니다.

그러나 가장 위대한 성공은 패배에 직면했을 때 바로 한 발짝 너머에서 온다는 것은 수많은 성공자가 증언하고 있는 내용입니다. 실패란 얄궂고 교활하기 짝이 없는 장난꾸러기 같습니다. 왜냐하면, 실패는 성공이 거의 손안에 들어왔다고 생각했을 때 우리의 발을 걸어 넘어뜨리고 좋아서 날뛰기 때문입니다.

제가 지금부터 이야기할 사람은 R. U. 다비입니다. 다비의 삼촌은 골드러시 시절 '황금의 꿈'에 도취해 일확천금의 꿈을 안고 미국의 서부로 갔습니다.

그러나 그는 그때까지 많은 황금을 본 적이 없었기 때문에 그저 한곳에 말뚝을 박아서 자기만의 광구 표시를 해놓고, 삽과 곡괭이만으로 채굴을 시작했습니다.

몇 주일 동안 열심히 채굴한 보람이 있어 드디어 번쩍이는 광맥이 나타났습니다. 그러나 금을 채굴하려면 기계장비가 필요했습니다. 그는 조용히 광맥을 다시 덮고 메릴랜드 주 윌리엄스버그의 집으로 돌아와 친지들과 몇몇 이웃에게 광맥을 발견했다는 사실을 알렸습니다. 그들은 채굴한 후 필요한 자금을 모아 채굴 장비를 구입하여 사서 차에 싣고서는 다시 광산으로 돌아갔습니다.

광석을 제련소로 운반해 검사하자 그들의 광산이 콜로라도에서 가장 우수한 광산 중의 하나라는 사실을 알게 되었습니다. 차 몇 대분만 더 캐면 빚을 다 갚을 수 있을 만큼의 엄청난 수익이 삼촌과 다비의 눈앞에 있었습니다.

굴착기로 땅 밑을 뚫고 내려갔습니다. 그것과 비례해서 다비와 삼촌은 희망으로 마냥 부풀어 올랐습니다. 그때 큰 이변이 일어났습니다. 무지갯빛 꿈을 막 잡으려는 찰나에 광맥이 사라져 버렸습니다. 황금 광맥을 다시 찾아보려고 사력을 다하여 굴착작업을 계속하였지만 모두 허사였습니다.

1. OODA 성취, 우다 사이클에 달렸다

마침내 그들은 포기하기로 했습니다. 그들은 기계장비를 고물상에 겨우 수백 달러만 받고 팔고 고향으로 돌아가는 열차에 몸을 실었습니다. 고물상 주인은 광산 기사를 한 사람 불러서 현장을 둘러보고 대강 계산을 했습니다. 기사의 의견은 삼촌과 다비가 단층선에 대한 지식이 전혀 없었기 때문에 실패한 것 같다는 것이었습니다. 그의 조사로는 광맥은 다비가 굴착을 포기한 곳에서부터 불과 3피트 지점에서 발견될 가능성이 있다고 했습니다.

결국, 광맥은 정확히 바로 그 지점에서 발견되었습니다. 고물상 주인은 그 광산에서 수백만 달러의 황금을 캐냈습니다. 고물상 주인은 단념하기 전에 전문가의 조언을 들을 필요가 있다고 생각했기 때문에 엄청난 황금을 얻을 수 있었습니다.

오랜 세월이 흐른 뒤 다비는 욕망이 황금으로 환원될 수 있다는 것을 알았고, 지난날 손해를 본 것보다 몇 배나 더 많이 벌 수 있었습니다. 욕망이 금으로 환원될 수 있다는 발견은 그가 생명보험 판매를 시작하고 난 후의 일이었습니다.

금을 불과 3피트 차이로 포기했기 때문에 막대한 부를 잃고 말았다는 사실을 다비는 절대 잊지 않았습니다. 그는 그때의 경험을 교훈으로 삼아 모든 일을 해 나갔습니다.

'나는 금맥을 3피트 차이로 두고 포기했다. 이제는 보험에 가입하라고 사람들에게 권할 때 그들이 싫다고 말해도 절대 물러서지 않으리라'하고 스스로 다짐했습니다. 이런 간단한 방법으로 용기를 얻었습니다.

다비는 생명보험업계에서 연간 백만 달러 이상의 실적을 올리는 소수 그룹에 속하는 사람이 되었습니다. 그의 끈질긴 인내는 그가 금광업에 종사할 때 도중에 포기해서 실패했던 것으로부터 배운 교훈 덕이었습니다.

분명한 욕구는 강한 힘을 갖고 있다

이번 이야기의 주인공은 에드윈 C. 반즈입니다. 그는 토머스 에디슨과 동업자가 되겠다는 불타는 욕망이 있었습니다. 그러나 그것을 행동으로 옮길만한 처지가 아니었습니다. 에디슨과 일면식도 없을뿐더러 뉴저지의 오렌지까지 갈 여비도 없었습니다.

그러나 그는 화물 열차를 얻어 타고 천신만고 끝에 에디슨을 찾아갑니다. 그때 그의 행색은 부랑자와 다를 바 없었지만, 그의 생각만큼은 왕처럼 높은 곳에 있었습니다. 그는 기차에서 내리자마자 에디슨의 연구실을 향해 발길을 옮겼습니다. 이윽고 그는 자신이 에디슨 앞에 서 있음을 알았습니다.

몇 년 후, 반즈는 처음 에디슨과 만났던 그 연구실에서 에디슨을 마주 보고 서 있었습니다. 그는 에디슨과 동업자가 되어 일하게 되었습니다. 그가 그토록 바라던 꿈이 현실로 이루어진 것입니다. 반즈는 크게 성공했습니다. 왜냐하면, 그는 분명한 목표를 세우고 그 목표에 그의 모든 정력과 의지와 노력을 집중시켰기 때문입니다.

그는 에디슨을 '위해서'가 아니라 에디슨과 '함께' 일하기를 원했습니다. 그는 위대한 발명가와 동업자가 되기를 갈망했던 것입니다. 그것은 단순한 희망이 아니었고 단순한 욕구도 아니었습니다! 그것은 모든 것을 초월하는 진지한 원망(願望)이었습니다. 그가 원하는 것은 아주 분명했습니다.

처음 오렌지에 갔을 때 그는 자신에게 '나는 에디슨이 어떤 일을 나에게 주도록 그에게 부탁할 것이다'하는 식으로 생각하지 않았습니다. 그는 '나는 에디슨을 만날 것이다. 그리고 그에게 내가 그와 함께 일하러 왔다는 것을 분명히 알려주자'고 자신에게 말했습니다.

그러면서 그는 '내가 에디슨에게서 원하는 것을 얻지 못하면 다른 기회를 찾아볼 것이다'라고 말하지 않았습니다. '내가 세운 목표 즉, 에디슨과 함께 사업에 참여한다는 것만 생각하자. 나는 나를 가로막는 어떤 장애물도 제거할 것이다. 내가 원하는 것을 얻기 위해 나의 모든 미래를 투자할 것이다'라고 자신에게 다짐했습니다.

그는 자신의 목적을 달성하는 데 필요한 계획을 세웠습니다. 그는 먼저 자기를 가로막는 장애물을 제거했습니다. 꼭 이루고자 하는 일이 이루어지기까지 그는 절대 포기하지 않았고 마침내 그것을 현실로 이뤄냈습니다.

반즈는 후회하지 않기 위해 노력했습니다. 이기느냐 아니면 죽느냐의 문제였습니다! 이것이 바로 그가 성공한 비결 전부입니다. 분명한 욕구가 지니는 강한 힘을 잘 보여주는 예입니다.

배를 불태우고 모든 후회의 구실을 차단해야 한다.

한 훌륭한 군인이 진젱티에서 중요한 결단을 내려야 하는 상황에 직면했습니다. 아군보다 훨씬 강력한 적에 대항해 적진 속으로 군사를 투입하려는 순간이었습니다. 싸우기로 했지만, 적군의 수는 아군보다 훨씬 많았습니다. 이윽고 아군을 태운 배는 적의 진지 가까이 다가갔습니다.

병사와 싣고 온 장비를 모두 내리자 그는 배를 전부 불태워버렸습니다. 그리고 첫 번째 격전이 있기 전 그는 병사에게 말했습니다.

"너희는 화염에 휩싸인 배를 보고 있다. 그것은 우리가 승리하지 않으면 이 해안을 살아서 떠날 수 없음을 의미한다. 우리에게는 이제 다른 방법이 없다. 승리하느냐 아니면 전멸하느냐, 두 가지 중 하나를 선택해야 한다."

그리고 그들은 승리했습니다.

어떤 일에서 꼭 승리하고자 한다면 과감하게 배를 불태워버리고 모든 후회의 구실을 차단해야 합니다. 그렇게 해야만 성공의 필수요소인 이기고자 하는 불타는 욕구를 계속 유지할 수 있습니다.

언젠가 시카고에서 큰 화재가 일어났습니다. 다음 날 아침, 상인들은 연기만 자욱한 그들의 백화점을 지켜볼 뿐이었습니다. 그들은 대책을 세우기 위해 회의를 했습니다. 내용은 다시 그곳에 자리를 잡느냐 아니면 시카고를 떠나 다른 유망한 곳에서 새롭게 시작하느냐를 결정하는 것이었습니다.

그들은 결정을 내렸습니다. 시카고를 떠나기로 했습니다. 그러나 단 한 사람만 그 결정에 응하지 않았습니다. 그는 불에 탄 그 자리에서 다시 자신의 사업을 일으켜 보겠다고 결심했습니다. 그는 점포가 있던 곳을 가리키면서 이렇게 말했습니다.

"여러분, 저는 저곳에 불이 몇 번이나 또 나고 모든 것이 사라진다 해도 반드시 세계에서 가장 큰 백화점을 세울 것입니다"

우여곡절과 어려움이 많았지만 결국 그가 소원하던 백화점을 세웠습니다. 그리고 지금도 그 자리에는 불타는 욕망이라는 정신상태의 힘이 얼마나 위대한지를 증명이라도 하듯 늠름하게 서 있습니다. 그의 이름은 바로 마셜 필드입니다.

필드가 했던 일은 동료 상인도 똑같이 할 수 있었던 일이었습니다. 모두가 사정이 아주 어려웠던 그때, 한 사람을 제외한 모든 상인이 머뭇거리며 형편이 더 나은 것 같이 보이는 곳으로 떠나갔습니다.

마셜 필드와 다른 상인은 바로 그 점에서 다릅니다. 물론 바로 그 점이 성공자와 실패자를 구별하는 차이점이기도 합니다.

돈을 알만한 나이가 되면 모든 사람은 돈을 원하게 됩니다. 그러나 원한다고 부를 이룰 수는 없습니다. 목표에 온몸과 마음을 집중해서 부를 바라십시오. 그리고 부를 획득하기 위해 분명한 방법과 수단을 계획하십시오. 실패를 생각하지 않는 인내로 계획을 실현하십시오. 그러면 부를 반드시 이룰 것입니다.

욕망을 황금으로 바꾸는 6가지 방법

부에 대한 욕구를 실현할 수 있는 방법은 다음 6가지 단계로 이루어져 있습니다. 그것은 분명하고도 실천 가능한 단계입니다.

① 당신이 원하는 정확한 액수를 마음속에 분명히 정해라. '나는 많은 돈을 원한다' 정도로는 안 된다. 그 금액을 분명히 해라.

② 바라는 돈에 대한 대가로 당신은 무엇을 할 것인가를 분명하게 정해라. 아무것도 공짜로 이루어지지 않는다.

③ 당신이 원하는 돈을 얻으려 하는 날짜를 명확히 정해라.

④ 당신의 욕구를 이루는 데 필요한 계획을 분명히 세워라. 그리고 그 계획을 행동으로 옮길 준비가 되어 있든 아니든 즉시 시작해라.

⑤ 당신이 얻고자 하는 돈의 액수를 분명하고 간결하게 글로 써라. 그것을 얻기 위해 어떤 대가를 내야 할 것인지 작성하라. 다음에는 돈을 모으기 위해 필요한 계획을 분명하게 써라. 기록하는 것이 중요하다.

⑥ 당신이 쓴 것을 매일 큰소리로 두 번씩 읽어라. 잠자리에 들기 전 읽고, 아침에 일어나서 큰소리로 다시 읽어라. 단, 거기에는 주의할 점이 있다. 이미 돈을 소유하고 있다고 눈앞에 그려보고 느끼고 믿는 것이다.

당신이 만약 부를 진심으로 원한다면 위 6가지 단계를 바로 실천에 옮겨야 합니다. 당신이 매일 보고 읽는 그것을 실행에 옮겨야 합니다. 물론 아직 목표를 이루지 못하고 돈을 얻지 못해서 불평할지도 모릅니다. 하지만 바로 이 시점에서 불타는 욕구는 당신에게 크게 도움이 될 깃입니다.

오래된 격언 중에 '사람은 자신이 생각하고 믿는 대로 된다'는 말이 있다. 성공을 생각하면 성공하고 실패를 생각하면 실패하고 건강과 행복과 풍요를 바라고 믿는다면 성취할 수 있다는 뜻이다. 큰 믿음과 굳은 생각은 삶으로 나타난다. 이렇게 목표를 설정하면 그것은 우리의 생각에서 두드러지는 위치를 차지하고 우리의 삶에서 현실적으로 모습을 드러낸다.

목표에서 반드시 짚고 넘어가야 할 중요한 사실은 인간은 자신이 열렬히 추구하는 대상 즉, 직업이나 임무, 그리고 목표가 있을 때 가장 큰 의욕이 생긴다는 점이다. 이른바 열정의 근원이다. 기대하고 바라는 것이 없는 상태에서 의욕을 갖는 것은 무척 힘든 일이다.

인간은 목표를 쫓는 존재이며 목적 없이 표류하지 않기 위해선 열심히 추구할 그 무언가가 필요한 존재다. 숨 쉬는 데 공기가 필요하듯 성공에는 목표가 필요하다. 이것은 마치 법칙과도 같다. 인간이 만들어 낸 법칙이 아니라 자연의 법칙이다.

이것을 잘 활용하는 것이 우리가 할 일이며, 바로 우리 인생의 목표가 되어야 한다.

2

–

Observe
제대로 된 목표를
관찰하라

명확한 중점 목표를
설정하라

안타깝게도 성공에 이르는 지름길은 거의 없다. 그래서 많은 사람이 실망을 감추지 못한다. 그러나 분명한 사실은 확실한 목표는 우리를 성공이라는 목적지까지 데려가 줄 것이라는 점이다.

당신은 아마도 이렇게 자신에게 자문할 것이다. '성공을 위해서 정말로 목표를 세워야 할까, 목표를 세워야만 나의 이상적인 생각이 내 삶에 현실로 나타나는 것일까?' 대답은 '그렇다'이다.

대부분의 사람은 '명확한 목표'가 없어서 인생을 낭비한다. 무엇을 얻으려면 먼저 자신이 무엇을 원하는지를 알아야 하고 그것에 관한 정리된 자기 의견이 있어야 한다. 다시 말하면 사람이 실패하는 것은 기회가 없기 때문이 아니며 목표가 확실하다면 실제로 주위에 성공할 수 있는 기회는 많이 있다.

그럼 지금부터는 목표를 달성하기 위해 스스로가 동기를 유발하는 것의 '이점'이 무엇인지와 진정한 '목표설정'에는 어떤 이점이 존재하는지 살펴보자.

• 목표설정은 더욱 나은 자화상을 준다

이것은 분명히 이점이다. 자신이 앞으로 밀고 나가야 할 어떠한 일이 있을 때 우리는 그것에 더욱 큰 무게를 싣게 된다. 당신은 더 이상 삶의 주변부에 있는 것이 아니다. 성취해야 할 목표를 가졌으며 그 과정에서 당신의 자화상은 크게 발전된 모습을 보인다.

'당신은 결코 당신의 자화상보다 앞서 나갈 수는 없다'는 말처럼 자화상은 중요하고 목표가 그것을 높여 준다. 목표를 세우면 자신의 현재를 개선할 수 있으며 나아가 미래를 위해 계속 발전해 나갈 수 있다. 그러므로 목표를 설정하면 자신감을 불러일으키고 더욱 강인한 인간으로 변모할 수 있는 계기가 된다.

• 목표는 진실로 원하는 바를 구체화해준다

대부분 사람은 다소 불안정한 태도로 각자의 삶을 살아간다. 이따금 자신이 원하는 결과를 왜 얻을 수 없는지 의문을 품기도 한다. 이때 목표를 분명히 하면 살아가면서 실현하고 싶은 일을 구상하고 구체화할 수 있다. 이러면 어디쯤에서 행동을 취하고 무엇에 힘을 쏟을 것인지 구체적으로 알 수 있다. 목표를 구체화해서 필요한 행동을 하면 우리가 실현하고자 하는 일이 실제 삶에서 모습을 드러낸다.

• 목표를 설정하면 기준선이 분명해진다

목표는 어떤 결정을 내릴 때 확실한 기준이 된다. 목표설정은 무엇이 중요한 것이고 그렇지 않은지 명확한 선을 제시해 준다. 사람이 순간적인 충동에 따라 결정을 내리는 사례는 너무 많다. 가령 집이나 차를 살 때도 먼 장래를 생각하지 않고 순간적인 판단에 의지하곤 한다. 그러나 목표를 세우면 삶이라는 여정에서 우리는 되돌아보는 행동 보다는 내다보는 행동을 하게 된다.

• 목표를 세우면 좌절감을 낮출 수 있다

살아가면서 사람은 크고 작은 여러 문제에 부딪히고 성공으로 향하는 궤도에서 벗어나기도 한다. 그러나 목표를 세우면 이런 상황을 막을 수 있다. 삶을 향한 뚜렷한 행로와 전체적인 모습 그리고 방향을 가질 수 있기 때문이다. 인생의 행로에서 발생하는 사소한 걸림돌은 목표 때문에 문제가 되지 않는다. 목표로 설정한 더 크고 중요한 어떤 것을 지니고 있으면 이러한 걸림돌쯤은 가볍게 넘길 수 있다.

• 목표를 세우면 자신의 우선순위가 생긴다.

어떤 일에 우선순위를 정하면 자신의 목표에 적절한 방향이 되어 더욱 구체적이고 상세한 생각을 갖게 된다. 이것이 바로 목표설정의 여러 이점 중 하나다. 이렇게 목표설정은 자신의 삶 향상에 장애가 될 불안정한 요소를 제거해준다.

또한, 현실을 올바르게 제시하며 희망사항이 아닌 확실성을 제공한다. 노력하고 힘써야 할 구체적인 무엇인가가 우리 앞에 있다. 그것은 더는 꿈도 희망사항도 아니다. 바로 자신이 원하는 것이며 인생에서 성취하고자 하는 것이다.

• 목표는 중요한 요소를 취합하여 배우도록 돕는다

사람은 대체로 아침에 일어나면 늘 그랬던 것처럼 그날 할 일을 그저 해 나간다. 하지만 설정된 목표를 달성하려면 계획을 세워야 하고 생활 속에서 우선사항을 골라내야 한다. 그런 행위를 통해 무엇이 정말로 중요한지 알아야만 한다.

목표를 이루기 위해 가장 크게 생각해야 할 기준이 있다면 그것은 목표가 자신에게 얼마만큼 중요한가이다. 자신에게 중요한 목표가 아니라면 성취하려고 하지도 않을 것이다. 덧붙이자면 목표를 세우면 그것을 이룰 수 있다고 생각해야 한다. 목표를 설정하면 억지로라도 자아개발과 미래의 성공을 위해 중요한 요소를 취합하고 배운다.

부는 목표이고
선택이며 집중이다

| 노인의 사망률이 결혼기념일이나 생일 같은 특별한 날이나 공휴일 전날에는 감소하고 특별한 날 이후 또는 먼저 세상을 떠난 부인이나 남편의 사망 기일이 지난 후에는 높아진다고 한다.

이런 결과가 생기는 이유를 추정해보면 특별한 날까지 혹은 먼저 이 세상을 등진 사랑했던 사람의 추도일까지는 살아있자는 목표를 세웠기 때문이 아닐까하고 생각한다.

그리고 자기가 마음으로 결정한 그 일이 끝나고 나면 즉, 정한 목표를 달성하고 나면 삶의 의지가 약해져서 사망률이 높아지는 현상이 발생한다. 간절한 목표는 사람의 삶과 죽음의 결정에도 영향을 주는 것이다.

최근 모 일간지에 난 기사를 보자.

S여사는 아들의 나이 불과 3살 때 암 판정을 받게 된다. 엎친 데 덮

친 격으로 남편마저 교통사고로 이 세상을 떠나게 되었다. 의사나 주위 친지들도 그녀를 어떻게 위로해야 좋을지를 몰랐다.

그러나 S여사는 삶을 포기하지 않고 남편이 남기고 간 위로금으로 조그마한 구멍가게를 운영해 3살 난 아들을 대학까지는 보내겠다는 결심을 했다.

S여사는 여러 차례 수술을 받았으나 암은 치유되지 않았다. 두세 달 내에 죽을 병이었지만, 그녀는 3살짜리 아들이 대학에 입학할 때까지 무려 16년을 버티었다.

S여사는 마침내 아들이 대학교에 합격했다는 통지를 받자마자 이 세상을 떠났다. 어떤 목표, 즉 불타는 욕망은 죽음까지도 연장시켜 주는 놀라운 힘을 가지고 있다는 것을 보여주는 사례다.

대부분의 사람은 명확한 목표가 없기 때문에 인생을 낭비한다. 무엇을 얻으려면 먼저 자신이 무엇을 원하는지 알아야 한다. 사람이 실패하는 것은 기회가 없기 때문만은 아니다. 실제로 우리 주위에 성공할 수 있는 기회는 너무나도 많다. 문제는 실패한 그들은 아무런 계획을 세우지 않았다는 것이다.

인생에서 선택의 중요성은 아무리 강조해도 지나치지 않다. 자신의 목표와 욕구를 분명히 하면 마음가짐, 의지 그리고 인생을 새롭게 정리하

2. Observe 제대로 된 목표를 관찰하라

여 욕구를 현실로 만들 수 있다. 선택이란 말에는 목표를 위한 헌신적인 노력과 목표를 최우선으로 하여 목표를 위해 희생을 치를 준비가 되어 있다는 의미가 있다.

또 선택에는 저것이 아니라 이것을 택하고, 저런 행동 대신에 이런 행동을 취하고, 저것 대신에 이것에 시간과 노력을 들인다는 의미도 있다.

가령 진정으로 부자가 되기로 마음먹었다면 목표에 따라 매일, 매주, 매달 반복해서 크든 작든 모든 일을 계속적으로 선택해야 하며 그 선택에 집중하는 열정이 필요하다.

그러면 선택하고 결정하는 것이 성공추구 과정에서 중요한 이유는 무엇일까? 모든 사람은 각자 자기만의 능력을 갖추고 있기 때문이다. 우리가 주저하는 것은 세상 때문이 아니라 바로 우리 자신 때문이다.

개인마다 능력과 재능이 모두 다르다. 그러나 선택의 능력은 누구나 갖고 있다. 여러분과 나 그리고 우리의 이웃 모두가 갖고 있지만, 차이점은 자신과 자신의 잠재력을 어떻게 바라보느냐이다.

의식적이든 무의식적이든 선택하지 않을 수 없다는 사실과 선택한 것을 육체, 정신적으로 실행에 옮기도록 주의를 기울인다는 것은 우리 모두에게 해당하는 공통점이다. 그러므로 의식적으로라도 신중하고 현명하게 선택하는 것이 바람직하다.

진정으로 부자가 되는 것, 건강해지는 것, 또는 이밖에 다른 목표를 정했다면 이때 목표를 달성하기 위한 선택이란 단기적인 즐거움과 특권을 희생하는 것을 뜻한다. 이것은 '목표를 성취하기 위해서는 집중을 요구한다'는 것의 다른 표현이다.

사람은 기본적으로 실패를 두려워한다

어떤 분야에서든 성공한 사람은 목표의 설정이 성공을 위한 핵심요소라고 말한다. 그렇다면 대부분의 사람이 이를 따르지 못하는 이유는 무엇일까? 많은 이점에도 왜 사람들은 목표달성이나 계획을 세우지 않는 것일까?

여러 가지 이유가 있으나 가장 큰 것은 목표달성을 하지 못했을 때 자존심의 상처, 수치심, 불안감, 자기기만 등의 두려움 때문이다.

• 다른 사람의 비난과 조소를 겁낸다

사람은 목표를 추구하기 위한 자신의 노력이 성과를 거두지 못했을 때 타인으로부터 받을 조소와 수치심을 겁낸다. 그들은 스스로 이렇게 말한다. "내가 이 목표를 정말 세워야 할지 모르겠어, 실패하면 다른 사람이 나를 어떻게 볼까? 그리고 나도 나 자신을 혐오하게 될 거야."

어떤 이유로든 이런 태도는 다른 사람에게 자기의 삶을 맡기는 것이다. 타인의 시선 때문에 자기의 삶을 그냥 내버려두는 것과 같다. 아무리 타당한 이유가 있어도 아예 도전하지 않아서 아무것도 일어나지 않는 것보다는 아주 작은 부분이라도 성취를 하는 것이 훨씬 바람직하다.

• 목표성취를 위한 계획이 없기 때문이다

사람이 목표를 세우지 않는 두 번째 이유로는 실제로 목표를 성취하기 위한 계획이 없기 때문인 경우가 많다. 누구나 목표를 이루면 좋다는 것은 안다. 다만 스스로 설정한 목표를 어떻게 달성할 것인지 구체적인 방안이 없어서 목표성취를 위한 첫걸음을 내딛기 어려워한다. 그래서 대부분은 자신의 좋은 생각이나 희망사항을 생각하는 정도에 머문다.

사람들은 자신도 어떤 목표를 세우길 바라지만 그것을 실현할 방도를 모른다고 하며, 결과적으로는 목표를 달성하기 위한 어떤 계획도 만들지 않는다. 결국, 자신에 대한 도전과 시험 기회마저 잃는다.

• 사람은 책임에 부담을 느낀다

목표를 세우면 그 자체에 부담을 가진다. 이것이 왜 문제냐면 대부분 사람은 책임을 느끼거나 성공하기 위해 스스로 압력을 가하는 것을 원치 않는 경향이 있기 때문이다. 그러다 보니 다들 자연스럽게 따라오는 일에 대처하는 정도로 만족한다.

한편 사람들은 자신의 삶에서 원하는 것이 무엇인가를 바탕으로 일을 선택하지 않고 얼마나 많은 돈을 벌 수 있는지를 기준으로 일을 선택한다. 그 결과 대다수 사람이 자기 일을 즐기지 못하고 수입의 규모에만 집착한다. 이런 사실은 어찌 보면 참 비참한 일이지만 현실이기도 하다.

• 생활의 일부분을 포기해야 한다

기본적으로 사람은 삶 속에서 중요하게 여기는 어떤 것을 포기해야 할지도 모른다는 사실을 두려워한다. 목표를 세우면 그것을 이루기 위한 계획을 세워야 하고 계획을 실행하는 과정에서 지금까지 해왔던 무언가를 포기해야 한다. 생활의 일부분을 희생해야 한다.

"그래, 목표를 꼭 달성해야만 해. 그러려면 TV 시청이나 축구경기 관람 같은 내가 좋아하는 일은 포기할 수밖에 없겠다."

이렇게 생각하는 사람은 자신의 궁극적인 행복보다 훨씬 중요하지 않은 사소한 것이라도 그것을 단념하는 걸 주저하는 경향이 있다. 이것은 많은 사람이 목표를 세우지 못하는 가장 큰 이유 중 하나다.

• 사람은 자신의 인내심을 믿지 않는다

이해할 수 있는가? 대부분의 사람은 자신이 끝까지 해낼 수 있다는 사실에 큰 비중을 두지 않는다. 어떤 난관에 부딪히는 순간이 오면 포기하거나 혹은 실패할 것이라고 믿는다. 사람들은 목표를 설정하고 성취할 때까지 초지일관할 수 있는 지속성 내지는 지구력이 부족하다. '새해나 매월 초에 목표를 세워보려 했는데 잘 안 되더군요'라고 말할 뿐이다.

그러므로 먼저 목표를 설정한 다음 그에 따른 계획을 세우고 후에 계획을 실행으로 옮겨야 한다. 대개 사람들은 끝까지 추진해 나갈 능력이 부족하기도 하지만 실상 더 염려스러운 점은 많은 사람이 스스로 그런 능력을 갖추고 있다는 것을 믿지 않는 점이다.

• 자기 일을 타인의 결정에 맡긴다

인정하기 어렵겠지만 많은 사람이 자신에게 최상의 것이 무엇인지를 타인이 결정하도록 맡겨둔다. 우리는 '어디에서 살고 어디에서 일하며 어떤 옷과 어떤 차를 타고 어떻게 생긴 집이 좋겠다' 등을 결정하면서 다른 사람의 의견을 그대로 받아들이곤 한다.

비록 가족이나 사랑하는 이들이 하는 제안이라도 타인에게 자신의 가장 중요한 것을 결정하도록 맡겨버리는 것이다. 결과적으로 당사자는 목표를 세우고 결정할 필요가 없어진다. 이것은 타인이 우리의 인생을 대신해서 사는 것과 같다.

원하는 것을 적고
우선순위를 정하라

| 목표를 명확히 설정하는 이유는 성취를 위한 개인적인 역량 배양에 가장 기본이 되기 때문이다. 누구나 알고 있는 사실이지만 인생에서 훌륭한 성과를 내고자 한다면 먼저 해야 할 일은 자신이 인생에서 진정으로 소망하는 것이 무엇인지부터 아는 것이다.

모든 분야에 걸쳐서 크게 성공한 사람 혹은 지도자로 분류된 사람은 모두 명확한 목표의식을 갖고 능력을 발휘해 성취를 이루어낸 사람들이다.

반면 우리 주위에서 쉽게 볼 수 있는 많은 실패한 사람들은 목표의식이 없다. 그들은 목적지 없이 표류하는 조각배처럼 같은 곳만 몇 바퀴 돌다 원래 자리로 돌아가 버린다.

앞에서 '목표설정의 이점'과 사람들이 '왜 목표를 설정하지 않는가?'를 알아봤다. 각자 자신에게 해당하는 사항이 있는지 스스로 생각해 보자. 그리고 지금부터는 조용히 앉아 편안한 마음가짐으로 다음과 같이 자신의 목표를 작성해 보자.

• 자신의 삶에서 희망하는 사항을 구체적으로 적어라

우선 희망사항을 작성하는 과정에서는 평가하려들거나 정당화하려 하지 말고 그냥 편안히 적으면 된다. 다만 자신이 정말로 이루길 원했던 것

2. Observe 제대로 된 목표를 관찰하라

을 구체적으로 분명히 적는다. 가령 '얼마만큼의 돈을 벌고 싶다'는 바람이 있다면 그대로 적는다.

어느 해 12월 31일을 종료일로 했을 때 1년에 1억 원을 벌겠다든지 10억 원을 벌겠다든지 액수는 얼마든 상관없다. 여기서 중요한 것은 구체적으로 적어야 한다는 것이다. 머릿속으로 목표를 달성할 수 있는지, 목표를 이루기 위한 능력과 자질을 가졌는지 등은 생각할 필요가 없다.

• 목표를 작성할 때는 네 가지 요소를 고려하라

목표를 작성할 때는 일, 가족, 정신과 신체 건강 등의 범위에서 이루고 싶은 것을 적는다. 다른 의견도 있겠지만 대부분 이 네 가지 요소의 중요성을 인식하고 그 속에서 자신을 발전시켜 나간다.

목표를 갖는 것은 자신과의 약속이면서 자신의 신념이고 정성임을 알아야 한다. 희망사항이나 공허한 꿈이 아니며 자신의 인생에서 실현하고자 하는 그 무엇에 관한 비전이다.

이제 이 모든 과정을 종료하면 자신에게 축하를 보내는 것만 남는다. 왜냐하면 지금까지 한 행동이 바로 사람들의 96퍼센트가 하지 못한 일을 해낸 것이기 때문이다. 사람들은 대개 자신의 인생을 심각하게 생각하지 않고 적당히 산다. 그래서 자신의 목표를 글로 적는 사람은 거의 없다.

미국의 어느 대학에서 조사한 내용을 따르면 종이에 직접 목표를 적은 사람은 4퍼센트였으며 이들이 가진 돈이 전체의 84퍼센트였다고 한다. 바꿔 말하면 목표를 작성하지 않은 사람이 96퍼센트라는 것이며 유감스럽게도 이들이 성공할 가능성은 희박하다.

앞서 작성한 목표의 몇몇은 아주 중요한 것도 있고, 단기, 중기, 장기 등으로 구분 가능한 것도 있을 것이다. 그것들을 중요한 순서대로 묶고 우선순위를 정하라. 많은 사람이 목표를 정하지도 않고 자신이 바라는 성공이 이루어지지 않는다고 불평한다.

우선순위까지 다 정했다면 분명 세 가지 목록이 정리되었을 것이다. 일과 가족, 건강(정신, 육체)에 관한 목록이다. 하지만 이렇게 목록만 작성한다고 모든 것이 확실해지는 것은 아니다. 이미 눈치 챘겠지만, 목표달성을 도와줄 계획이 있어야 한다.

우리가 숨쉬기 위해서는 공기가 필요하듯 성공에는 목표가 필요하다. 유감스럽게도 성공에 이르는 지름길은 거의 없다. 이 사실에 많은 사람들이 실망을 감추지 못한다. 그러나 어떤 경우에노 분명한 것은 확실한 목표설정만이 우리를 성공이라는 목적지까지 데려다 준다는 것이다.

이제 현실적인 예를 들어보자. 가령 본인이 속한 조직 내에서 한 단계 높은 위치에 오르길 원한다고 하자. 높은 위치에 도달하기까지 필요한 것은 무엇일까? 또 중요한 문제인 목적을 달성하기 위해 스스로 높여야 할 요소는 무엇일까?

우선 긍정적인 태도로 목표를 대하고 진지하게 자신이 원하는 것을 구체적으로 적어야 한다. 예를 들면 '나는 2014년 1월 30일까지 어떠한 위치에 오르겠다'라고 구체적으로 쓴다. 주목할 점은 목표에 도달하기 위해서는 정확한 목표와 기한을 분명히 해야 한다는 것이다. 이런 프로세스를 거쳐 목표를 설정한다.

여기까지 했다면 축하를 받아 마땅하다. 왜냐하면, 목표를 종이에 작성하지 않은 사람이 96퍼센트나 된다는 것은 이미 앞에서 살펴봤다. 당신이 이 책의 순서대로 목표를 적었다면 삶의 목표를 실제로 적어 본 4퍼센트의 사람 중 한 명이 된 것이다. 다른 말로 하면 성공을 위한 가장 큰 준비를 마쳤다는 것이다.

중점 목표는
취미가 돼야 한다

수많은 사람을 분석하여 도출한 사실 가운데 가장 놀라운 것은 실패자로 분류된 95퍼센트의 사람은 '인생의 명확한 중점 목표'가 없었다는 것이다. 반대로 성공한 사람으로 분류된 5퍼센트는 목표가 명확했고 목적을 달성하기 위한 확실한 계획도 있었다고 한다.

안타깝게도 95퍼센트의 사람이 자신에게 가장 적합한 일이 무엇인지, 왜 생존을 위한 명확한 대상을 설정해야 하는지에 관한 개념조차도 없었다. 더 끔찍한 것은 그들은 인생에서 아무런 목적도 없이 표류하고 있다는 점이다.

인생에서 명확한 중점 목표를 선택해야만 하는 이유는 심리학적 이유도 있다. 심리학 측면에서 보면 사람의 행동은 자신의 마음에 내재한 지배적인 사고와 조화를 이루면서 나타난다는 것은 이미 잘 알려져 있다.

명확한 중점 목표는 마음속에 굳게 자리 잡고 있으면서 어떤 목표를 실행할 수 있도록 육체의 물리적 행동을 촉발할 때까지 전체 잠재의식을 목표에 집중시킨다. 이때는 목표를 실현하려는 결심이 함께해야 한다.

비슷한 사람은
함께 모인다

유유상종의 법칙이 있다. 인간도 이 법칙을 따른다. 어느 도시나 빈민촌에 가면 비슷한 사람이 함께 모여 사는 것을 발견할 수 있다. 반대로 부촌에 가면 비슷한 사람끼리 연대해서 사는 것을 쉽게 볼 수 있다. 이렇게 성공한 사람은 언제나 성공한 사람을 곁에 두기를 원한다. 반면 패배자는 비슷한 상황의 사람과 어울린다. 그래서 초록은 동색이라지 않던가. 수면이 평형을 이루는 것처럼 사람도 자신과 경제적으로 혹은 정신적으로 비슷한 사람을 곁에 두고자 한다.

교수와 일용직 노동자 사이에는 아무런 연관성이 없다. 이 둘이 오랜 기간 함께 있어야 한다면 둘 다 참기 어려울 것이다. 공통분모가 없는 사람들 사이는 물과 기름 같다. 서로 공통점이 없는 사람은 친구가 될 수 없다.

그래서 인생의 목표는 반드시 세심한 주의를 기울여 선택해야 하며 선택한 후에는 잘 보이는 곳에 써 붙이고 적어도 하루에 한 번 이상은 시각화해야 한다. 그러면 심리학적 효과로 목표가 잠재의식에 깊게 새겨져 그 목표가 자신의 행동을 지배하는 청사진으로 작용하여 당신을 목표달성을 향해 이끌어줄 것이다.

지금까지의 이야기를 요약하면 다음과 같다.

사람은 자신의 인생철학과 비슷한 부류의 사람이 주위에 모인다는 진리에 비춰볼 때 자신을 명확한 중점 목표로 무장하여 자신에게 방해되지 않고 도움 받을 수 있는 사람을 만나는 것이 중요하다.

당신의 명확한 중점 목표가 당신의 현재 수준보다 높다고 가정해보자. 인생의 목표를 크게 잡는 것은 당신의 특권이다. 아니, 인생의 수준을 높이는 것은 의무다. 자신을 위해 높은 기준을 세우는 것은 여러분과 사회의 의무다. 명확한 중점 목표를 잘 개발하면 목표달성은 어려운 일이 아니라는 것을 보여주는 증거가 곳곳에 있다.

수년 전에 루이스 빅토르 아이틴지는 종신형을 선고받고 애리조나 교도소에 갇혔다. 수감 당시 그는 개선의 여지없는 그야말로 '악당'이었다고 한다. 설상가상으로 사람들은 그가 약물오용에 따른 결핵으로 1년을 넘기지 못할 것이라고 믿었다. 이정도 상황이라면 누구나 그렇겠지만 아이틴지도 좌절할 이유가 충분했다. 여론은 그에게 적의를 품었고 그를 격려하거나 도와 줄 친구 하나 없었다. 그러나 그의 마음속에서 무엇인가가 생겨나서 건강을 되찾고 결핵을 극복하고 마침내 출감하여 영어의 몸에서 자유의 몸이 될 수 있었다.

이런 일이 가능했던 마음의 변화는 무엇일까? 그는 결핵을 무찌르고 건강을 회복할 '결심'을 했다. 그것은 매우 명확한 중점 목표였다. 1년이 못 되어 건강회복이라는 그의 목표는 성공하였고 이후에 자신의 명확한 중점 목표를 자유의 몸이 되는 것으로 정했다. 머지않아 감옥 벽은 녹아 내리듯 사라졌다.

아무리 견딜 수 없는 상황이라도 명확한 중점 목표를 설정하고 자기 암시의 원리를 적용할 수 있는 사람을 묶어둘 수는 없다. 이러한 사람은 가난의 사슬을 끊어버리고 치명적인 질병도 극복하며 변두리 삶에서 힘 과 부(富)의 삶으로 상승할 수 있다.

모든 위대한 리더들의 리더십은 명확한 중점 목표에 토대를 두고 있다. 추종자는 그들의 지도자가 명확한 중점 목표가 있고 이를 행동화할 수 있는 용기를 가진 자라면 기꺼이 뒤를 따른다. 또한, 길들여지지 않은 말 도 명확한 중점 목표를 가진 기수가 고삐를 잡으면 순순히 말을 듣는다.

명확한 중점 목표를 지닌 사람이 군중 사이를 뚫고 지나가면 사람들은 한쪽으로 비켜서서 그를 위해 길을 터줄 테지만 우물쭈물하고 도무지 갈 피를 잡지 못하는 자가 있다면 군중은 그의 어깨를 부딪치며 자신의 길 을 내주려 하지 않을 것이다.

부모와 자녀 관계만큼 중점 목표의 결여가 미치는 영향이 확연히 드러나고 부정적인 영향을 미치는 관계도 없을 것이다. 아이들은 눈치가 빨라서 상황에 따라 부모에 대한 태도를 바꾸고 그런 행동을 통해 이득을 취한다. 이런 경향은 평생 지속된다.

이제 결론을 이야기하겠다. 명확한 중점 목표를 지닌 사람은 성공의 길에 도달하기 쉽고 그들은 언제나 존경받고 관심의 대상이 된다.

명확한 목표의
경제학적인 관점

지금까지 명확한 중점 목표를 심리학적 관점에서 살펴보았다. 그럼 지금부터는 경제학적 관점에서 살펴보자.

증기선이 망망대해에서 키를 잃으면 제자리를 빙빙 돌다가 충분한 연료가 있어도 육지에 도착하지 못하고 그것을 다 써버리고 말 것이다. 명확한 중점 목표 없이 일하는 사람은 마치 키를 잃은 배와 같다.

자신이 원하는 확실한 대상조차 없으면서 그것을 이루었다고 확신하기 어렵기 때문에 근면한 노동과 좋은 의도만으로는 성공하기에는 충분하지 않다.

집은 명확한 목표와 확실한 계획을 바탕으로 지어야 잘 지을 수 있다.

계획도 없이 되는대로 집을 짓는다면 무슨 일이 벌어질지 생각해보라. 노동자는 각각 자신의 방식대로 일할 것이고 건자재는 기초부분이 완성되기도 전에 여기저기 흩어질 것이다. 사공이 많으면 배가 산으로 간다고 집을 어떻게 지어야 할지 모두 의견이 다를 것이다. 그 결과 혼돈과 오해 끝에 막대한 비용만 지출한 채 끝날 것이다.

얼마나 많은 사람이 새로운 일을 시작할 때 명확한 중점 목표나 확실한 계획을 염두에 두지 않고 일에 뛰어드는지 생각해 본 적이 있는가? 과학적인 방법으로 정확하게 성격과 적성분석이 가능한 시대에 95퍼센트에 달하는 사람이 자신에게 적합한 일을 찾지 못해 실패자가 된다는 사실이 아이러니하지 않은가?

성공이 힘에 기반을 두고 있고 이 힘이 조직화된 노력이며 조직의 방향을 결정하는 첫 번째 단계가 확실한 목표라면 왜 그것이 중요한지 쉽게 이해할 수 있을 것이다. 사람은 인생에서 명확한 목표를 선택하지 않았기 때문에 에너지를 낭비하면서 이것저것 생각하느라 주의력을 분산한다. 우유부단함과 무력함 때문에 힘을 하나로 모을 수 없다.

예를 들어 돋보기를 보면 조직화된 노력의 가치를 충분히 깨달을 수 있다. 돋보기를 통해서 햇빛을 한 점으로 모으면 두꺼운 판자에도 구멍을 낼 수 있다. 돋보기(명확한 목표를 상징)를 치우면 같은 광선을 같은 판자 위에 내리쪼인다 해도 연기는 나지 않는다.

건전지 1,000개를 조직적으로 배치하고 전선으로 연결하면 대형기계
도 몇 시간을 돌릴 수 있을 만큼의 에너지가 발생하지만 연결하지 않으
면 결코 기계는 작동하지 않는다. 사람의 재능도 건전지와 같다. 정신 능
력을 조직하고 인생의 명확한 목표 달성에 집중한다면 조직화한 노력이
라 불리는 '힘'이 발생하는 원리를 이용할 수 있다.

축구경기에서도 승리는 선수들 사이의 협력이 잘 이루어지는 팀의 것
이다. 팀워크가 승리를 가져온다. 인생이라는 게임도 이와 다를 바 없다.

여기서 미국의 철강 왕이자 세계최고 부호 중 한 사람인 앤드루 카네기
(Andrew Carnegie)의 충고를 들어보자. "모든 달걀을 전부 한 바구니에 담
아보아라. 그러면 어느 것도 굴러다니지 않을 것이다."

그의 조언에서도 알 수 있듯이 우리는 지엽적인 일에 에너지를 낭비해
서는 안 된다. 카네기는 탁월했다. 그는 모든 사람의 에너지를 한 가지 일
에 집중하면 크게 두각을 나타낼 것이라는 점을 잘 알고 있었다.

어느 다리가 없는 사람이 앞을 보지 못하는 사람을 만났다. 다리가 없
는 사람은 앞을 볼 수 있기 때문에 그에게 서로 협력하면 서로에게 이익
이 될 것이라고 말했다.

"당신의 등에 나를 업으세요. 그러면 나는 당신의 발을 이용할 수 있고
당신은 나의 눈을 이용할 수 있지요. 우리 둘이 힘을 합한다면 잘해낼 수

있을 거요."

성공을 위한 투쟁을 수행할 때 한시라도 잊지 말아야 할 것은 자신이 원하는 것이 무엇인지를 아는 것(자신의 명확한 목표가 무엇인지 정확하게 아는 것)과 자신의 명확한 목표달성에 필요한 조직화된 노력의 가치를 깊이 명심하는 것이다.

대부분의 사람이 확실한 목표로 돈을 향한 욕망을 꼽는다. 그러나 지금 이야기하는 명확한 목표는 그런 것이 아니다. 돈을 버는 것이 목적이라도 자신의 목적이 명확하다고 말하려면 적어도 어떻게 돈을 축적할 것인지 명확한 수단을 선택해야 한다.

돈을 벌기 위해 뭔가 일을 해야겠다는 것만으로는 충분하지 않다. 정확히 어떤 일을 할 것인지, 어디서 할 것인지, 어떻게 할 것인지 등을 결정해야 한다.

신속하고 빠른 결정을 내리는 사람

일전에 1만 6천 명을 상대로 한 설문조사에서 '당신은 인생의 명확한 목표가 설정되어 있습니까?'라는 질문을 하였는데 대부분의 대답이 다음과 같았다.

‘내 인생의 명확한 중점 목표는 가능한 사회에 많은 공헌을 하고 풍요롭게 사는 것이다.’ 이러한 대답은 마치 우물 안에 사는 개구리가 우주의 크기를 논하는 것처럼 모호하다. 인생의 목표는 철저한 자기 분석을 통해서만 정확하게 세울 수 있다.

각자의 분야에서 특별한 성공을 거둔 100여 명의 경영철학을 자세히 조사한 결과 이들 모두가 ‘신속하고 명확하게’ 결정을 내리는 사람이라는 것을 밝혀낼 수 있었다.

명확한 중점 목표를 두고 일을 진행하는 습관은 여러분에게 신속한 결정을 내리는 습관을 길러줄 것이고, 이런 습관은 자신이 원하는 모든 것을 얻는 데 도움을 줄 것이다. 게다가 명확한 중점 목표를 갖고 일을 진행하면 그것을 획득할 때까지 주어진 모든 일에 자신의 주의력을 집중하게 된다. 집중적인 노력과 명확한 중점 목표를 가지고 일을 진행하는 습관은 성공을 위한 필수적인 요소로 불가분의 관계다.

세상에는 자기가 남보다 더 잘할 수 있는 일이 분명히 있다. 그런 특정 분야를 발견하고 그것을 명확한 중점 목표의 대상으로 삼아 전력을 집중한다면 달성할 수 있을 것이라는 믿음으로 공략에 나서야 한다.

자신에게 가장 적합한 일을 찾고 자신이 좋아하는 일을 발견하면 성공을 거둘 가능성이 크다는 사실을 염두에 두어야 한다. 사람은 자신의 마음과 영혼을 전부 쏟아 부을 수 있는 분야에서 가장 성공하기 쉽다.

예를 들어 당신이 어떤 명확한 목표를 인생의 작업으로 선택하여 목적을 수행하려고 마음먹었다고 하자. 선택한 바로 그 순간, 이 목표는 자신의 의식을 지배하는 사고가 되고, 목표를 달성하기 위한 지식과 정보에 끊임없이 촉각을 곤두세우게 될 것이다.

이렇게 명확한 목표를 마음에 품은 순간부터 여러분의 마음은 의식적으로나 무의식적으로 목표를 달성하기 위한 재료를 모으고 쌓아가기 시작한다. 욕망은 인생의 명확한 목표를 결정짓는 가장 중요한 요인이다. 누구도 당신을 대신해서 당신의 욕망을 골라줄 수 없다. 스스로 이를 선택해 그 욕망이 자신의 명확한 목표가 된다면 다른 욕망과 충돌을 일으키도록 내버려두지 않는 한 이것을 실현할 때까지는 당신의 마음속에서 가장 큰 자리를 차지할 것이다.

여기서 강조하고 싶은 원리는 목표달성을 위해서는 '불타는 욕망'이 필요하고 인생의 '명확한 중점 목표'가 뒷받침돼야 한다는 점이다.

예를 들어 대학에 진학한 학생 중 등록금을 마련하기 위해 아르바이트를 해서 문제를 해결해 나가는 학생이 집에서 학비를 받는 학생보다 얻는 것이 더 많을 것이다. 그것은 아마도 스스로 등록금을 충당하는 학생이 학업에 '불타는 욕망'이 강할 것이고, 욕망의 대상이 합리적이라면 강력한 욕망은 틀림없이 실현되기 때문이다.

과학으로도 입증된 '자기암시'의 원리를 통해 깊이 뿌리내린 어떤 '욕망’이 육체와 정신을 강력한 자성체로 전환한다. 이 자석은 욕망의 합리적인 대상을 강하게 끌어당긴다고 한다. 이 원리를 아직 이해하지 못한 이들을 위해 다른 예를 들어보겠다.

단지 자동차를 가지고 싶다는 욕망만으로는 자동차를 얻을 수 없다. 이는 감나무 밑에 누워 감이 떨어지길 기다리는 것과 다를 바 없다. 그러나 자동차를 소유하고 싶다는 ‘불타는 욕망’이 생기면 욕망은 적합한 행동을 유발해 자동차를 사게 만든다. 자신이 자유를 획득할 어떤 행동을 취할 만큼 욕망이 강하지 않다면 단순히 자유를 갈망하는 것만으로는 감옥에 갇힌 죄수가 자유의 몸이 될 수 없는 것과 같은 이치다.

욕망에서
성취로 가는 단계

성공한 사람은 명확한 목표를 가지고 그 목표를 이루기 위해 노력한다. 하지만 수백만 명의 사람이 오늘도 어김없이 빈곤과 실패 때문에 고통 받는다. 목표의식이 부족하고 이루고자 하는 목표가 있어도 전력투구하지 않기 때문에 이런 결과를 불러온다.

우선 ‘불타는 욕망’이 있어야 하고, 그 욕망을 ‘명확한 중점 목표’로 구체화해야 하며, 마지막으로 목표를 달성하기 위한 충분하고도 적절한 ‘행동'을 해야 한다. 다시 말하면 성공을 이루기 위해 이 세 단계는 반드시 거쳐야 할 필수요건이다.

오늘날처럼 '기회'가 넘쳐나는 시기는 일찍이 없었다. 현대사회는 '성공'을 위한 재료가 풍부하면서도 저렴한 시대다. 인터넷이나 도서관에 가면 모든 인간 활동영역에 관해 과거 2,000여 년 동안 선조들이 이루어 놓은 연구결과를 찾아볼 수 있다.

만일 설교자가 되고 싶다면 앞서서 그 길을 밟은 사람의 발자취를 쉽게 살펴볼 수 있다. 엔지니어가 되고 싶다면 기계발명의 역사에서부터 금속의 발견과 사용 등에 관한 정보를 손쉽게 구할 수 있다. 변호사가 되고 싶으면 법률의 역사를 살펴볼 수 있고 농부가 되고 싶으면 경작과 농업을 공부할 수 있다. 그뿐만 아니라 인터넷을 통해 자신이 몸담고 싶은 분야의 정보를 거의 무한정으로 발견할 수 있는 세상이다.

그런 만큼 여러분이 무엇을 원하든 그것을 온 마음으로 원하고 끊임없이 추구하며 목표가 합리적이라면 그리고 정말로 얻을 수 있다고 믿는다면 이뤄낼 수 있다.

단순히 무언가를 얻고 싶다고 '소망하는 것'과 얻게 될 것이라고 '실제로 믿는 것' 사이에는 커다란 차이가 있다. 수많은 사람이 이 차이를 몰라 실패한다. 어떤 일에서든 '행동하는 사람'은 '믿음을 가진 사람'이다.

명확한 중점 목표를 달성할 수 있다고 믿는 사람의 사전에는 불가능이란 없다. 그들은 일시적인 좌절도 모르는 사람이다. 그들은 단지 성공만을 믿고 계획이 실패하면 재빨리 다른 계획으로 대체한다.

이렇게 명확한 중점 목표는 각자의 '취미'가 돼야 한다. 여러분은 취미와 함께 자고, 함께 먹고, 함께 놀아야 한다. 더 나아가 함께 일하고 함께 사는 것이 생활의 일부분이 돼야 한다.

다만 빛나는 성취의 바탕에는 언제나 어느 정도의 일시적인 후퇴가 있다. 에디슨도 수천, 수만 번의 실패와 재시도 끝에 '메리에겐 작은 양이 있어요'라고 세계 최초로 녹음기에 녹음할 수 있었다. 이 교훈에서 알 수 있는 성공 요인은 바로 '끈기'다.

여러분이 인생에서 명확한 중점 목표가 무엇인지 정하기 전까지, 그리고 그것을 적어서 아침저녁으로 눈에 띄는 곳에 붙여놓고 끊임없이 상기하지 않는 한 이 장의 설명은 완성되지 않을 것이다.

여러분은 이미 자신만이 인생의 명확한 중점 목표를 세울 수 있는 사람이라는 것을 알고 있다. 망설일 이유가 없다. 명확한 목표는 자신을 위해 설정해야 한다. 그 누구도 당신을 대신해서 설정해주지 않는다.

이를 위해 당신은 무엇을, 언제, 어떤 방법으로 할 것인가?를 고민하라. 지금 당장 자기의 욕망을 분석해서 원하는 것이 무엇인지 찾아내고 그것을 얻기 위해 결심하라. 세월이 변해도 결코 변할 수 없는 진리 중 하나는 '시작하지 않으면 어느 곳에도 이를 수 없다'는 것이다.

당신도 억만장자가 될 수 있다

후쿠나가 호겐은 1945년에 태어나 호세이대학 공학부를 졸업한 뒤 바로 사업을 시작하여 크게 성공했으나 34세에 수표 사기에 걸려 파산했다. 처음에는 실망하여 실의에 빠졌으나 곧 절망 속에서 '하늘의 소리'를 듣고 '인간으로 사는 삶의 기쁨'을 알리는 강연자로 변신한다.

성공을 전파하는 강연자로 제2의 인생을 시작한 그는 일본 각지를 돌며 세미나 및 강연회를 개최하여 연인원 30만 명 이상의 대중에게 희망을 전하는 강연 활동을 정력적으로 펼쳤다. 특히 그는 가난에서 벗어나 부자가 되는 방법을 강연하면서 매스컴을 타고 세인의 주목을 받았다.

고도 산업사회에서 새롭게 문제점으로 등장한 인생의 고민을 진단하고 처방하는데 독창적인 방도를 창안, 개발하여 선풍적인 공감을 불러일으켰다.

많은 지지를 받는 그의 주장은 종교가 아닌 인간 수행의 길이라는 점이 돋보인다. 그의 주장을 한마디로 정리하면 '실천적인 부자 양성술'이다. 그럼 지금부터 그의 말을 통해 부자가 되는 법을 들어보자.

과연 어떤 사람이 억만장자가 될 수 있을까요?

결론을 먼저 말한다면 억만장자가 될 수 있다고 스스로 '확신'하는 사람입니다. 다시 말하면 억만장자가 될 수 있다는 잠재의식으로 가득 차 있는 사람, 바로 그런 사람이 억만장자가 될 수 있습니다. 그러나 이런 잠재의식을 누구나 가지고 있는 것은 아닙니다. 극단적으로 말해 대부분의 사람은 현실에 급급한 나머지 억만장자가 되겠다는 생각은 아예 꿈도 꾸지 못하는 실정입니다.

대다수 사람이 '돈이 없어서, 건강이 나빠서, 여건이 좋지 않아서, 배경이 없어서' 등 안 되는 이유만 나열합니다. 물론 그런 것이 이유가 될 수는 있겠지요. 그러나 가난한 사람은 근본적으로 돈을 벌겠다는 강한 신념과 철학이 없는 것이 문제입니다. 이들은 눈앞의 이해득실만 따집니다. 옹졸한 사람은 절대 큰돈을 벌 수 없습니다. 큰돈은 성격이 대범하고 폭넓은 인생관을 가진 사람을 따릅니다.

인간은 누구나 큰돈을 벌 수 있는 소질을 갖고 있습니다

문제는 이 소질을 계발하는 방법입니다. 눈앞의 이해득실만 따지다 보면 자신을 잃어버립니다. 자신을 잃어버린다는 것은 억만장자의 정반대인 가난뱅이가 된다는 뜻입니다. 이런 상태에서는 아무리 노력해도 결코 억만장자가 될 수 없습니다. 코앞의 이해만 따지는 사람은 생쥐처럼 머리는 바쁘게 움직이지만 결과는 제 무덤을 파는 꼴밖에 안 됩니다. 이런 상태에서 벗어나기 위해서는 머리를 잘라버려야 합니다.

다시 말하면 너무 논리적인 사람이 되지 말라는 것입니다. 잡념은 성공을 망치기 때문입니다. 많이 생각하는 것은 좋지만 지나치게 생각하면 오히려 행동력을 약화시킵니다. 가난한 사람 대부분은 말을 잘하고 생각도 많습니다. 그러나 그들에게는 행동력이 없습니다. 실천력도 부족합니다. 오직 말뿐이고 궤변뿐입니다. 말이 앞서고 행동력이 부족한 사람은 성공할 수 없습니다.

일반적으로 대부분의 억만장자는 온화하며 얼굴 표정이 부드럽습니다. 그들의 외모를 보면 얼굴에 꿍꿍이셈이 전혀 없는 것처럼 보입니다. 억만장자는 계산이 빠른 사람이 아닙니다. 그들은 계산이나 소득에 별 관심이 없는 사람입니다. 그들은 근본적으로 성취욕과 돈에는 관심이 없습니다.

돈이란 참 이상합니다. 관심을 두면 둘수록 달아나는 것이 돈의 속성입니다. 돈은 덕망 있고 마음이 너그러운 사람을 좋아합니다. 돈은 인간 본래의 성격을 좋아한다고 할 수도 있습니다. 그러므로 덕이 있는 사람에게는 돈이 따릅니다.

결국, 마음으로나 체질적으로 본래의 인간성 자체가 있는 그대로 우러나오는 사람이 억만장자가 될 수 있습니다. 자신의 마음을 속이고 위선적인 사람은 절대 억만장자가 될 수 없는 거지요. 아무리 좋은 옷을 입고 아무리 많은 유산을 상속받은 사람이라도 머릿속에서 항상 계산기를 두들기는 사람은 억만장자와는 거리가 먼 사람입니다.

이해가 되나요? 돈을 크게 벌려면 머리를 떼어내야 합니다. 머리를 비워야 합니다. 계산기를 머릿속에서 지워야 합니다. 덕이 있는 사람은 바보스럽고 돈을 헤프게 쓰는 것 같지만 그 사람의 호주머니에는 항상 돈이 있습니다. 그러나 계산이 빠른 사람의 호주머니에는 항상 돈이 없습니다. 왜 그럴까요? 위대한 잠재의식의 힘 때문입니다.

돈에 너그러운 사람은 그의 잠재의식이 돈을 부릅니다

일에 구애받지 않고 인생을 여유 있게 살아가는 사람에겐 항상 돈이 충분합니다. 그런 사람에겐 사랑이 따르고 돈이 따릅니다.

남 보기에는 친절하고 돈도 많이 따를 것 같은데 돈이 없는 사람이 많지요. 보통 생각으로는 매사에 친절한 그런 사람이야말로 타인과 돈을 끌어당기는 매력의 소유자라고 생각할 수 있는데 사실은 전혀 다릅니다.

그렇습니다. 바로 거기에 묘수가 있습니다. 사람만 좋아서는 안 됩니다. 사람의 겉보기가 좋다고 해서 돈이 따라오는 것이 아닙니다. 왜 그럴까요? 대답은 간단합니다. 그런 사람은 보기 좋은 도덕이라는 것에 인생을 걸고 있기 때문입니다. 그런 사람은 남에게 친절하게 보이는 것을 최상의 보람으로 느낍니다. 결국, 돈하고는 관계가 없죠. 한마디로 말해서 머릿속의 위선입니다. 잠재의식은 그런 사람에게 돈을 가져다주지 않습니다.

흔히 하는 이야기로 사람이 좋다 보니 속기도 쉽다는 말이 있습니다. 하지만 속는 친절은 진짜 친절이 아닙니다. 진정으로 덕이 있는 사람에게는 감히 사기를 치지 못합니다.

오해 없기 바랍니다. 친절은 좋은 것입니다. 그러나 친절로 돈을 벌기는 어렵습니다. 사람이 좋은 것만으로는 돈을 벌 수 없습니다. 마음을 비우고 인생을 바로 보는 자세가 필요합니다. 외형적으로만 선량한 사람은 남에게 속기 마련입니다. 문제는 내적으로 사랑과 친절과 덕망이 가득 찬 사람이 되지 않으면 안 된다는 것입니다.

잠재의식은 그런 사람에게 돈을 불러들이는 것이지요. 사람들은 억만장자가 된 사람을 가리켜 운이 좋았다느니, 가문이 좋다느니, 유명한 정치인과 줄이 닿는다는 말을 합니다. 물론 그런 것들이 억만장자가 되는 일시적인 조건은 될 수 있습니다. 그러나 그것이 억만장자의 절대 조건은 아닙니다. 참된 억만장자란 어디까지나 자신의 인간적 노력에 대한 평가입니다.

억만장자의 3대 요소를 들라면 기(氣), 담(擔), 덕(德)을 들겠습니다

이것은 돈으로 살 수 없습니다. 사람의 내부 성격에서 샘솟듯 우러나오는 매력입니다. 그리고 인간은 누구나 이런 매력을 만들어낼 수 있습니다. 어떻게 만들어낸다는 것일까요? 해답은 간단합니다. 대자연의 법칙에 순응합니다. 태양을 보십시오. 태양은 하루도 쉬지 않고 우리에게 생명의 원천인 빛을 공급해주고 있지 않습니까?

그럼에도 우리에게 아무런 청구서도 내놓지 않습니다. 오직 묵묵히 되풀이하는 태양의 리듬, 그것은 기와 담과 덕을 인간에게 베풀고 있는 것입니다. 그러므로 '태양처럼 되어라, 그러면 성공한다'는 말은 정답이 됩니다. 항상 자선을 베푸는 것, 그것이 바로 대자연의 법칙과 자신의 파장을 맞추는 성공의 비결입니다.

자연의 섭리를 거부하면 병이 생깁니다. 병이 생기면 건강이 나빠지고 건강이 나빠지면 인생은 허무하게 끝납니다. 억만장자가 되고 싶습니까? 그렇다면 억만장자의 생각을 되풀이해서 생각하십시오. 바로 그러한 생각 속에서 기와 담과 덕이 생깁니다.

기는 하겠다는 의욕이며 절로 샘솟는 욕망입니다. 그리고 담이란 용기입니다. 산이 흔들리고 바다가 갈라져도 눈썹 하나 까딱하지 않는 자세를 말합니다. 덕이란 주위를 바람직한 여건으로 만들어주는 분위기 조성입니다.

반복해서 말하지만, 너무 계산적인 사람은 안 됩니다. 예외는 없습니다. 머릿속의 생각을 무(無)로 돌리고 대자연의 법칙에 따라 반복해서 당연하고도 정상적인 인생을 살아야 억만장자의 지혜가 나옵니다.

인생은 재능과 수완 등의 능력만으로 좌우되지 않습니다

인생은 생각의 벽돌을 쌓아올려 지은 집입니다. 따라서 잘못된 생각으로 지은 집은 아무리 잘 지었어도 언젠가는 무너집니다. 그리고 계획을 잘 세워야 합니다. 이렇게 저렇게 하겠다고 책상에서 궁리하여 머릿속으로 계산하면 틀림없이 성공할 것 같지만 현실은 절대 그렇지 않습니다. 이런 사람들은 목 위의 머릿속으로 계산만 하는 사람입니다.

성공하려면 먼저 목을 자르고 아랫부분에서 승부를 걸어야 합니다. 돈을 흡수하는 최선의 비결은 목 아래로만 살며 대결하는 것입니다. 뱃속에서 승패가 결정됩니다. 뱃심이 있어야 합니다. 여기서 말하는 뱃심은 만용이 아닙니다. 정당한 행동을 반복하는 것입니다.

발명왕 토머스 에디슨은 전구를 발견하기 위해 1천 번의 실험을 되풀이했다고 합니다. 그것이 바로 배짱입니다. 폭력은 배짱이 아닙니다. 정당한 목적을 위해 배짱으로 사는 사람은 억만장자가 될 수 있습니다.

그런데 아무리 열심히 노력해도 희망의 싹이 트지 않는 사람이 있습니다. 왜 그럴까요? 알맹이가 다르기 때문입니다. 열심히 일하여 성공한 사람은 일을 기쁘게 한 사람이요, 실패한 사람은 불평 속에서 일한 사람입니다. 같은 일을 하면서도 불평을 하느냐 기쁘게 하느냐에 따라 성공의 열매는 다르게 나타납니다.

새벽 일찍부터 밤늦게까지 열심히 일해도 가난을 벗어날 수 없는 사람이 있다고 합시다. 인간이라면 누구나 이런 때 불평할 것입니다. '왜 나는 이 고생일까? 왜 내게는 돈이 붙지 않을까?' 하고 말입니다. 그러나 이런 사람은 열심히 땀만 흘리다 일생을 마칠 것입니다. 자나 깨나 불평만 하고 있기 때문입니다. 유감스럽게도 이런 사람은 절대 가난의 밑바닥에서 헤어날 수 없을 것입니다.

그러나 억만장자가 된 사람은 다릅니다. '비록 돈을 벌지 못해도 내가 하는 일로 세상 사람이 행복하게 살 수만 있다면 나는 그것만으로 만족한다'라고 생각하는 사람입니다. 토머스 에디슨은 이런 생각으로 전구를 발명했습니다.

일본의 마쓰시타 전기를 세운 마쓰시타 고노스케도 이런 노력으로 사회 인류에 봉사하는 일에 열중했습니다. 그리고 '언젠가 내 회사도 커지겠지' 하는 잠재의식에서 우러나오는 무의식의 생각이 머리에 가득 차 있었습니다. 재벌의 길은 다른 곳에 있지 않습니다. 열심히 일하면서 잠재의식을 활용해야 합니다. 재벌이 된다는 꿈을 버리지 않는 것입니다.

일반적으로 목 위의 머리로만 사는 사람들은 괴로움이 닥치면 '괴롭지만 참자, 참아내자'고 인내력을 발휘합니다. 하지만 안타깝게도 이것만으로는 사업을 진전시키지 못합니다. 중요한 것은 목 아랫부분인 뱃심으로 밀어붙이는 뚝심입니다. 기업경영도 마찬가지입니다. 목 아랫부분으로 결정해야 합니다.

흔히 모든 일은 생각하는 방식과 노력 여하에 달려있다고들 하지만 사실은 그렇지 않습니다. 물론 그러한 것들이 어느 정도 관계는 있겠지만 결정적인 것은 아닙니다. 관념이란 단순한 도덕과 학문의 머릿속 작업에 지나지 않습니다. 요컨대 목 아랫부분인 뱃심에서 무한히 우러나오는 세계야말로 인간으로서의 참다운 억만장자가 되는 비결입니다. 배짱으로 살자는 이야기입니다.

억만장자가 된 사람은 억만장자가 되기 위해 살아온 사람입니다. 당신도 억만장자가 될 수 있습니다. 만약 억만장자가 될 수 없다면 즉시 이유를 분석해야 합니다. 가장 중요한 것은 생각을 바꾸는 것입니다. 머릿속의 인생에서 행동하는 인생으로 자세를 바꿔야 합니다.

인생에 비극은 없습니다!! 하면 됩니다!! 인간은 성공할 수 있다고 생각하면 반드시 성공합니다. 성공의 열쇠는 바로 눈앞에 있습니다.

여기 인생 성공을 위한 12가지 지침이 있습니다.

성공을 위한 12가지 지침

1. 절대 좌절하지 마라 – 인생은 칠전팔기의 모험이다.

2. 모든 문제는 스스로 처리하라 – 뜻이 있는 곳에 길이 있다.

3. 냉정하게 여유를 가져라 – 인생은 단거리 경주가 아니다.

4. 왜 사는가? 이유를 분명히 알라 – 인생관을 분명히 하라.

5. 끝까지 자신을 가져라 – 인생의 선장은 자신이다.

6. 무엇이든지 하면 된다 – 세상에 불가능은 없다.

7. 마음의 근심을 완전히 제거하라 – 근심은 저항력을 약화시킨다.

8. 기적을 일으켜라 – 기적은 있다. 스스로 일으켜라.

9. 앞을 보고 살아라 – 걷는 자만이 앞으로 나아갈 수 있다.

10. 꿈에라도 실패는 생각지 말아라 – 실패는 성공의 암같은 가정이다.

11. 마음속의 광맥과 잠재의식을 활용하라 – 인간은 무한한 광맥을 갖고 있다.

12. 정상을 노려라 – 성공이란 성취욕의 연속이다.

2. Observe 제대로 된 목표를 관찰하라

　미국 알코올중독 방지협회의 12단계 프로그램은 정신이상을 '계속 같은 행동을 하면서 다른 결과가 나오기를 기대하는 것'이라고 정의한다. 너무나 당연한 이야기다. 어떻게 같은 일을 하는데 다른 결과가 나올 수 있을까? 예를 들어 어떤 사람이 알코올 중독자인데 계속 술을 마신다면 그의 삶은 더 나아질 수가 없다. 마찬가지로 당신이 현재의 삶이 불만족스럽다고 해보자. 문제는 지금과 같은 행동을 계속한다면 당신의 삶도 더 좋아지지 않는다는 점이다.

　3년 전이나 지금이나 특별히 변화가 없다면 아마 3년 후도 같을 것이다. 이런 사실들로부터 '과정을 바꾸지 않으면 결과도 바뀌지 않는다'는 메시지가 의심의 여지없이 분명해진다. '당신의 반응을 바꾸는 날이 바로 당신의 삶이 더 나아지는 날이다'는 말이 증명된 셈이다.

　그러므로 지금 당신이 하는 행동이 당신이 삶 속에서 추구하는 '더 많고', '더 좋은' 것을 만드는 것이라면 이미 실현된 것이라고 볼 수 있다.

3

—

Orient
올바른 방향성을
설정하라

하던 대로 하면
결과도 항상 같다

카레이서가 자동차 경주를 할 때 꼭 지키는 운전 수칙이 하나 있다. 긴급한 상황에서 운전자는 의식적으로 자기가 바라보는 방향을 향해 운전대를 돌린다고 한다. 레이스 중에 자동차가 고속으로 달리면 운전자의 시야는 굉장히 좁아지는데 이때 갑자기 운전대가 흔들리거나 장애물이 나타나면 당황하기 쉽다.

만일 고속으로 달리던 자동차가 예기치 못한 원인 때문에 중앙분리대를 향해 질주하는 순간이라면 운전자의 시선은 어느 쪽으로 향할까? 차의 진로를 파악하기 위해 중앙분리대 쪽을 봐야 할까? 아니면 넓은 도로 공간이 있는 반대쪽일까? 답은 두 번째다.

'반대 방향으로 차를 돌려야 하는데'라고 생각하면서도 시선을 중앙분

리대 쪽으로 두고 있으면 그쪽을 향해 달려간다고 한다. 중앙분리대 반
대편의 탁 트인 도로로 시선을 돌리면 자동차도 그 방향으로 달리고 위
험은 거의 사라진다고 한다.

일전에 한 조사에서 성공하는 사람과 실패하는 사람의 특징을 다음과
같이 설명한 적이 있다. 실패하는 사람은 자신에게 주어진 시간을 과거
에 50퍼센트, 현재에 40퍼센트 그리고 미래에 10퍼센트 투자한다고 한
다. 반면 성공하는 사람은 과거에 10퍼센트, 현재에 30퍼센트, 미래에 60
퍼센트 투자한다고 한다.

실패하는 사람은 과거 지향적이지만 성공하는 사람은 미래 지향적이
라는 뜻이다. 미래는 강한 욕망의 산물이며 강렬한 욕구만이 현재의 장
애물을 뛰어넘을 수 있다는 것을 내포하는 결과이기도 하다. 성공이란
남다른 노력과 인내가 필요하고 동시에 '어떤 방향을 어떻게 보고 있느
냐'가 중요하다.

어떤 목표를
어떤 방향으로 보는가

성공하는 사람과 그렇지 않은 사람의 차이는
무엇일까? 중요한 것은 '어떤 목표가 있는가?'가 아니라 '어떤 목표를 어

떤 방향으로 바라보는가?'이다. 성공하는 사람은 자신이 원하는 것이 이루어진 모습을 떠올리고 그때의 성취감을 미리 느끼려고 노력한다.

반면 실패하는 사람은 자신이 원하지 않는 모습을 떠올리면서 염려하고 불안한 기분을 느낀다.

예컨대 세일즈맨 중에도 고객을 만나기 전에 '약속한 사람이 핑계를 대고 안 만나주면 어떻게 하지?' '계약하기로 했는데 마음이 바뀌면 어쩌지?' '이번 달 실적을 달성하지 못하면 어떡하나?' 등 미리 걱정부터 하는 사람은 거의 대부분 실패한다. 자기가 원하지 않는 것을 생각하면 원하지 않는 현실 혹은 불편한 현실을 살 수밖에 없다.

하지만 성공하는 사람은 다르다. '오늘 잘 될 거야.' '오늘 나를 만나는 고객은 정말 행운아야! 내가 소개하는 상품을 반드시 구매할 거야'라고 생각하며 유쾌한 기분으로 고객을 찾아간다. '오늘 계약이 잘 되면 다른 분을 소개해 줄 거야. 다들 나를 도와주려고 하니까.' 이런 생각을 하는 세일즈맨이 실적이 좋은 것은 당연하다.

원하는 것만 생각하면 원하는 현실을 얻을 수 있다. 이런 사람은 중앙 분리대에 시선을 주지 않고 넓은 도로만 바라보고 달리는 훌륭한 카레이서와 같다.

결국, 인생이란 자기가 바라보는 방향으로 가게 된다. 대개 성공하는 사람은 자신의 가족, 직장, 건강, 재산 등을 현재의 모습으로 바라보지 않는다. 이들은 평범한 사람에 비해 간단하면서도 중요한 차이점을 보인다. 그들은 현재의 모습만으로 삶을 보지 않고, 미래의 삶의 가능성을 본다.

이처럼 성공한 사람은 삶을 바라볼 때, 성공을 향해 현명하고 지속적인 노력을 기울인 후 미래의 발전한 모습을 상상한다. 세상일이라는 것은 모두 가능성이 마음에 그려질 때 발전한다. 가능성이 현실의 덫에 걸릴 때는 발전할 수 없다.

잘 알려진 것처럼 성공하는 삶은 항상 커다란 꿈과 함께 시작된다. 사람은 누구나 두 개의 눈을 가지고 있다. '마음의 눈'은 '육체의 눈'과는 달리 사물의 현재 상태를 보는 것이 아니라 사물에 인간의 지혜가 더해졌을 때의 가능성을 본다.

예를 들면 우리가 원하는 집, 소망하는 가정, 만족스런 소득, 멋진 휴가 그리고 미래의 어느 시점에 우리 것이 될 경제적 풍요 등 미래의 모습을 미리 보는 '마음의 눈'은 어떤 방향을 결정하는 눈을 의미하며 더 나아가 꿈꾸는 능력을 말한다. 개인이든 사회든 나아갈 방향을 올바르게 결정하는 것이 중요하다.

그러면 이제 우리나라의 현재를 통해 우리의 미래 방향성이 어떠해야 하는지 살펴보자.

우리의 무역 상대국은
코카콜라 진출국보다 많다

2012년 우리나라의 무역(수출, 수입) 규모는 2년 연속 1조 달러를 달성했다. 세계 여덟 번째의 규모다. 1964년 수출 1억 달러 달성 이후 반세기 만에 이룬 쾌거로 내용도 알차다. 한국은 원유가 한 방울도 나지 않지만 재밌게도 석유를 수출하는 나라로 수입한 원유를 정제해 만든 휘발유와 경유를 파는 석유수출국이다.

연간 원유 수입은 1,000억 달러, 원화로 약 110조 원에 달하고 석유제품은 2012년 11월까지 517억 달러를 수출한 효자 품목이다. 기름 한 방울 나지 않아도 석유수출 대국이 될 수 있다는 역발상이 일궈낸 결과다.

흔히 한국은 무역의존도가 너무 높은 것이 문제라고 한다. 세계경제 침체나 환율변동 같은 외풍에 쉽게 휘둘리기 때문이다. 실제로 2012년 무역의존도는 110.3퍼센트로 주요 20개국(G20) 가운데 가장 높았다. 무역액(수출, 수입)이 국내총생산(GDP)보다 10.3퍼센트나 더 많았다는 뜻이다. 그러다 보니 우리나라는 세계에서 무역상대국이 가장 많다.

우리나라는 2012년 235개국으로 상품을 수출했다. 유엔 회원국(193개국)은 물론 코카콜라 진출국(220여 개국)보다 많다. 수출국과 품목에서 완벽한 포트폴리오를 구축한 셈이다.

한·미 자유무역협정(FTA)에 따라 시장을 개방하면 국내산업이 붕괴

한다는 주장도 있지만 한국산업은 문호를 개방한 분야일수록 경쟁력이 높아졌다.

예를 들면 일본 밥솥이 있었기에 우리나라의 밥솥은 세계적으로 성장했고, 애플, 소니와 경쟁했기에 삼성과 LG는 세계적인 회사가 됐다. 팝송을 막지 않았기에 K팝 열풍이 가능했으며 스크린쿼터를 축소한 결과 관람객이 천만을 돌파하는 영화도 많아졌다.

위의 예에서 보듯 우리나라의 국가정책은 개방과 무역이라는 큰 틀을 유지하는 것이 올바른 방향이라고 증명되었다. 이렇게 국가 시스템도 어느 방향, 어떤 전략으로 나아가야 하는지가 중요하듯이 개인이나 단체가 올바른 방향을 설정하는 것이 얼마나 중요한지는 말할 필요도 없을 것이다.

미국 대선의 진정한 승자 '빅 데이터(Big Data)'

얼마 전 2012년 미국 대선이 끝났다. 미국 언론은 이번 대선의 진정한 승자로 오바마나 트위터, 유튜브가 아닌 네이트 실버라는 통계전분가와 그가 활용한 '빅 데이터'를 꼽는다.

실버는 뉴욕타임스 웹 사이트에 '538(Five Thirty Eight)'이라는 블로그를 운영하는 34세의 청년이다. 경제학을 전공한 그의 이력에 정치와 관련된 내용은 없다. 그의 웹 사이트 538은 미국 대선의 전체 선거인단 수를 말한다.

실버는 대선 당일인 2012년 11월 6일 아침 오바마 대통령의 승리 확률을 90.9퍼센트로 발표하고 주(州)별로 승자를 예측했다. 전체 50개 주에서 그의 예측은 정확히 맞았다.

더 나아가 그는 오바마의 획득 선거인단 수(332명)도 오차없이 맞혔다.

미국 언론이 선거가 끝나고도 접전 중인 10여 개 주의 결과를 예측하길 꺼렸던 상황에서 그는 일찌감치 승자를 제시했다.

모두가 박빙이라고 한 2012년 미국 대선에서 그는 롬니 공화당 후보의 당선 가능성을 41퍼센트 이상 매긴 적이 없었다. 롬니가 1차 TV 토론의 우세를 바탕으로 여론조사에서 앞설 때도 실버만 롬니의 당선 확률을 25퍼센트 미만으로 예측했다.

실버보다 우세하다는 예측을 오바마 캠프조차 믿지 않았다. NBC 방송의 아침 프로 진행자는 '오바마 캠프도 자신의 승리 확률을 50.1퍼센트라고 하는데 실버는 73.6퍼센트라네요'라고 비꼬기도 했다.

이렇게 실버의 예측은 선거를 앞두고 1년간 유명 정치평론가들의 뭇매를 맞았다. 어떤 한 저명한 평론가는 '뒤집힌 대선 결과가 나오면 사라질 반짝 스타', '자신이 믿는 것을 뒷받침하려고 여론을 왜곡한다'고 부정적으로 평가했다.

뉴욕 타임스의 칼럼니스트는 '앞으로 일어날 일을 계량화하는 것은 불가능한 마법사의 영역'이라며 청년의 무모함을 훈계하기도 했다.

하지만 실버의 '마법'은 이번이 처음이 아니라고 한다. 그는 2008년 미국 대선에서도 49개 주에서 대선 승자를 맞혔고 35명의 연방 상원의원 승자를 예상했다.

그는 직접 여론조사를 하지 않는다. 그의 블로그에 따르면 그는 20여 개 여론조사 기관이 쏟아내는 전국 · 주 단위 조사 결과를 취합해 자신만의 '통계적 추론'으로 확률을 뽑는다고 한다. 개별 여론조사의 역대 적중률을 비교하고 일부 조사의 정치적 성향과 조사 방식을 고려해 자신만의 숫자를 만들어낸다고 한다.

예를 들어 미국인의 3분의 1은 휴대전화만 쓴다. 그들은 상대적으로 젊고 가난하고 유색 인종이므로 민주당 성향일 가능성이 크다. 그러므로 전화로 하는 여론조사는 민주당 성향의 표를 과소평가할 수 있다.

전문가 즉, 정치평론가와 기자가 유력 정치인에게서 얻은 자신만의 정보를 토대로 표의 향방을 말할 때 실버는 오로지 공개 데이터만을 의존해서 성향 분석 데이터를 구축하고 결과를 예측했다. 이른바 정보화 시대를 구식으로 만드는 '빅 데이터(Big Data)'의 시대가 된 것이다.

예측하는 수단에 따라 결과의 방향이 다르게 나온 것이다.

100마리 째
원숭이 현상

                망해가던 허시파피 회사의 신발을 뉴욕의 몇몇 히피족이 신고 다니기 시작하더니 어느 날 갑자기 미국의 백화점을 휩쓸었다. 처음에는 인기가 별로 없었던 조앤 롤링의 《해리포터》가 갑자기 전 세계에서 베스트셀러가 되었다.

처음에는 미미하게 진행되다가 어느 순간 '탁' 하고 터지는 극점이 있는데 이 순간을 말콤 글래드웰은 '티핑 포인트(Tipping Point)'라고 이름 붙였다. 주전자의 물이 99도에서는 끓지 않지만 100도를 넘는 순간 엄청난 공명음과 함께 에너지로 변하는 현상이 바로 티핑 포인트다. 이런 현상은 비즈니스에도 중요한 시사점을 던져준다.

이와 비슷한 사례로 '100번째 원숭이 이론'이라는 재미있는 이야기가 있다. 1950년대 일본의 미야자키 현의 고지마라는 무인도에 원숭이 무리가 살고 있었다. 원숭이들은 주로 고구마를 먹고 살았는데 그들은 고구마를 뽑아 손으로 흙을 털어내고 먹었다.

어느 날 한 살 반짜리 '이모'라는 이름의 젊은 원숭이가 물에 고구마를 씻어 먹기 시작했다. 그러자 다른 원숭이들도 하나 둘 흉내를 내기 시작했고 고구마를 씻어 먹는 행위가 새로운 행동양식으로 정착되었다.

이렇게 '고구마 씻어 먹기'는 젊은 원숭이와 그들의 어미 원숭이를 중심으로 빠르게 퍼져 나갔다. 그러나 수년이 지나도 섬에는 예전처럼 모래를 털어먹는 것밖에 모르는 원숭이가 훨씬 많았다. 그러던 어느 날 약 100마리 째 원숭이가 고구마를 씻어 먹는 방법을 익혔을 무렵 큰 변화가 일어났다.

섬에 있는 모든 원숭이가 고구마를 씻어 먹게 된 것이다. 그런데 더 놀라운 것은 고지마 섬 이외의 다른 섬의 원숭이 사이에서도 똑같은 행위가 동시다발적으로 나타난 것이다.

서로 접촉도 없었고 의사소통도 할 수 없는 상황에서 마치 신호를 보내기라도 한 것처럼 정보가 흘러간 것이다. 실험지역인 섬과 아무런 관련이 없는 멀리 떨어진 다른 섬의 원숭이들까지 모두 고구마를 물에 씻어 먹기 시작했다.

실험을 주도한 미국의 과학자 라이올 왓슨은 이것을 '100번째 원숭이 현상'이라고 불렀다. 이 이론의 핵심은 어떤 행위를 하는 개체의 수가 일정 수준에 달하면 종 전체에 그 행동이 순식간에 전파되는 불가사의한 현상이 나타난다는 것이다.

연구결과 한 종족에 도움이 되는 어떤 발견이나 발명이 나타나면 무리 전체에 퍼진다는 사실을 알게 되었다. 그리고 그것을 경험한 수가 약 100이 되면 거리나 공간에 관계없이 전 종족에게 퍼진다고 한다.

게다가 많은 동물학자와 심리학자가 여러 가지 실험을 통해 이 학설은

3. Orient 올바른 방향성을 설정하라

원숭이뿐만 아니라 인간을 포함한 포유류나 조류, 곤충류 등에서도 볼 수 있는 현상이라고 결론내렸다.

세상의 가치관이나 사회적인 구조는 '깨달은 5퍼센트의 사람'에 의해 바뀐다고 한다. 그래서 먼저 5퍼센트의 사람이 깨달으면 사회가 바뀌고 같은 원리로 5퍼센트의 나라가 바뀌면 세계가 바뀌는데 이는 시공을 초월한 공명 현상이 작용하기 때문이라고 한다.

물론 5퍼센트도 처음에는 한 사람부터 시작한다. 처음 한 사람이 시작했을 때는 효과가 아주 미미할 것이다. 한 사람, 한 사람씩 늘어간다 해도 5퍼센트가 되기까지는 답답할 수도 있을 것이다.

그러나 5퍼센트 정도에 이르기만 하면 이것이 티핑 포인트가 되어 처음에는 대수롭지 않게 빙빙 돌던 바람이 어느 순간에 거대한 회오리바람으로 변하여 집을 통째로 뽑아 올리는 것 같은 힘을 갖게 된다. 어떤 방향성을 가지고 움직이기 시작하는 것이다.

골드러시,
포티나이너스(Forty-niners)

| 골드러시는 1848년 미국 캘리포니아 주 새크라멘토 강 근처에 있는 존 셔터의 제재소에서 시작되었다. 1848년 1월

24일 존 셔터가 제재소를 건설하는 동안 목수인 제임스 마셜이 우연히 금을 발견하였다.

셔터와 마셜은 서로 동업자가 되어 그들이 금을 발견했다는 사실을 누설하지 않기로 약속한다. 당시에는 라디오나 텔레비전이 없던 시절이었기에 캘리포니아에서 금이 발견됐다는 소식이 미국 동부에 전해지기까지는 상당한 시간이 걸렸다.

그러나 얼마 지나지 않아 캘리포니아에서 많은 양의 금을 발견했다는 소식을 접한 수천 명의 사람이 일확천금을 쫓아 마셜의 제재소로 몰려들었다. 그 결과 1894년에 본격적인 골드러시가 시작되었다. 그 해 약 8만 명이 캘리포니아의 금광지대에 몰려들었고 1853년에는 그 수가 25만 명에 달했다.

캘리포니아의 금광 발견 소문은 미국의 동부, 유럽, 남미, 하와이, 중국 등지에 퍼졌다. 당시 캘리포니아는 매우 오지여서 교통수단이 열악했다. 그러나 금 발견 소식은 그런 악 조건을 뛰어넘었다.

유럽 사람은 작은 배를 타고 아프리카 남단 희망봉을 지나 인도양, 태평양을 건너서 샌프란시스코로 왔다. 어떤 사람은 남미의 남단 마젤란 해협을 거쳐서 북쪽으로 올라와 샌프란시스코, 대서양을 건너 파나마 호수(파나마 운하가 건설되기 전)를 건너 태평양에서 샌프란시스코로 왔다. 또 몇 달에 걸쳐서 도보나 마차를 타고 미국의 동부에서 몰려왔다.

3. Orient 올바른 방향성을 설정하라

이렇게 1840년대 후반 캘리포니아에서 시작한 골드러시는 당시 미국 사회를 열병으로 끓어오르게 했다. 각국, 각지에서 수많은 사람이 황금을 찾아서 서북부 아메리카의 강변으로 찾아와서 노다지를 캐기 위해 광산으로 향했다. 그들 중에는 공무원도 있었고 신문기자도 있었으며, 군인, 의사, 판사 등 상류층 사람도 있었다.

그래서 공장과 사무실은 휴업하였고 선원이 모조리 빠져나가는 바람에 선주들은 배 운항마저 중지했을 정도였다. 광산을 찾아오는 길은 힘들었지만 금을 캐는 작업은 아주 간단했다. 특별한 장비도 필요 없이 냄비 하나만 있으면 됐다. 강 흙을 파서 강물에 흔들면 가벼운 흙은 떠내려가고 무겁고 반짝이는 금만 남는다.

포티나이너스(Forty-niners)는 골드러시 기간에 금을 채굴하기 위해 미국에 몰려든 사람을 가리킨다. 주로 1849년에 이주해온 사람들을 지칭해 49년의 49를 따서 포티나이너스라고 부르게 되었다. 우리에게도 널리 알려진 미국의 민요 '클레멘타인(Clemetine)'의 영어 가사에도 'Dwelt a miner, forty-niner'라고 포티나이너라는 가사가 등장한다.

수십만 명이 강바닥에서 금을 찾자 자연스레 한정된 자원은 금세 바닥이 났다. 채굴 가능한 매장량이 고갈되기 시작하자 끊임없이 유입되던 골드러시의 세력이 점차 약해졌다. 또한, 효율적인 장비를 갖춘 기계가 사람을 대신하였다. 한몫 잡아 귀국의 꿈을 꾸는 사람들에게 누군가는 벼락부자가 되었다는 소문도 들렸지만 부자가 되기는 쉽지 않았다.

외국에서 온 노동자는 모두 남자였다. 당연히 황금의 광산에는 술, 도박, 창녀, 범죄가 판을 쳤다. 금 광산 지대가 불법적이고 폭력적인 장소로 변하자 정부의 감시체제와 법이 강화되었다.

동부에서는 좋게 말해서 모험가들이 사는 곳, 나쁘게 말하면 미친놈들이 사는 곳이라고 빈정댔다. 광부들은 돌아갈 여비조차 마련하지 못했다. 많은 노동자가 이질과 콜레라 등의 병으로 죽고, 굶어서 죽고, 도박과 술에 빠져서 죽어갔다.

1853년 대부분의 금이 고갈되어 골드러시의 세력이 사그라지면서 붐비던 광산촌은 헌 집만 남고 사람들이 떠나 유령도시가 되었다. 많은 사람이 다른 성장 가능성이 있는 경제활동을 찾아 떠났지만, 대부분은 캘리포니아에서 살 길을 찾아야 했다. 다행스럽게도 그곳은 비옥한 땅과 산림자원, 어족자원이 얼마든지 있는 곳이었다.

금을 캐서 돈을 번 사람은 많지 않았지만 몰려든 사람들에게 숙소를 제공하고 밥과 술을 팔고 장비와 청바지를 만들어 판 사람들이 오히려 돈을 벌었다.

독일 태생의 리바이 스트라우스는 천막 천에 인디언에게서 배운 '인디고 블루'라는 푸른 물감을 사용해 광부를 위한 튼튼한 바지를 만들어 판매했다. 당시 힘든 작업 때 주로 입던 청바지의 터지기 쉬운 부분을 강화하기 위하여 구리 리벳(rivet)을 붙이는 방법을 고안하여 특허를 받기도 했다. 이것이 바로 리바이스 청바지의 시초이다.

1852년 설립 후 올해 창업 160주년을 맞은 미국의 웰스파고 은행은 당시 '골드러시'를 찾아 몰려온 투기꾼과 광부를 상대로 역마차를 이용해 미국 서부와 동부를 오가는 운송 회사에서 출발했다. 이후 금융업으로 업종을 바꿔 대형은행으로 성장했다.

이렇게 단기간에 25만 명이 넘는 사람이 일확천금의 꿈을 안고 서부로 이주했으며 그 결과 미국으로의 이민도 급증했다. 물론 금을 발견해 부자가 된 사람은 극소수였지만 골드러시 시기에 몰려든 인구는 미국 서부 개척의 원동력이 되었다.

미국을 열병에 몰아넣었던 골드러시는 짧게 끝났다. 실제로 돈을 번 사람은 광산업자나 광부 같은 금하고 관련 있는 사람이 아니라 금을 찾아 몰려든 사람에게 서비스를 제공했던 숙박업소, 음식점, 술집, 생필품, 운송업자, 장비 판매업자 등이었다.

여기서도 '방향성'이 중요하다는 것을 알 수 있다. 돈을 번 사람들은 어떤 사회현상이 발생했을 때 자기가 해야 할 일과 어디에 돈이 있는가를 정확히 파악한다. 즉, 방향을 잘 잡는다는 것으로 그것은 이 책의 주제와 일치한다.

모든 성공의
바탕에 존재하는 것

사람이 한 번 돈을 벌기 시작하면 계속해서 버는 이유가 무엇일까? 부자는 더 부자가 되고 가난한 자는 더 가난해지는 이유를 마태복음을 인용해 설명한 것이 앞에서 이야기한 마태효과다.

'받아들이는 자에게는 주어져서 더욱 풍성하게 하되 받아들이지 않는 자는 그 가진 것마저도 빼앗아 가리라.' (마태복음 25장 29절)

성경에 나오는 말로 말이 안 되는 것 같은 문장이지만, 실제 우리 주위에서 이 같은 일들이 일어나고 있다. 예를 들면 주위에 경제적으로 성공한 사람들에게 물어보라. 아마 다른 사람들이 계속 지기를 찾아왔고 돈을 벌 기회가 계속해서 자신에게 왔다고 말할 것이다. 그래서 '받아들이는 자에게는 주어질 것이다'라는 말은 허튼 소리가 아니다.

이와 같은 논리로 자신감의 부재, 증오심, 자제력의 부족 같은 요소 때문에 '안 가진 자'가 된 사람이라면 부정적인 요소가 점점 더 불어날 것이다. 그러나 성공, 자긍심, 인내, 끈기, 결단력 등의 요소를 갖춘 사람이라면 긍정적인 요소가 더욱 커질 것이다. 그러므로 신의 경제학은 아주 간단하다.

'자신이 준만큼 받는다.'

이 얼마나 단순한 진리인가! 우리가 준만큼만 돌아온다니!

물론 이는 대가를 바라고 주는 것이 아니라 순수하게 베푸는 것을 말한다. 한 가지 더 말하자면 꼭 물질적인 것만이 아니라 우리가 누리는 행복과 친절에서도 이 법칙은 적용된다. 이것이 바로 우리가 이뤄야 할 진정한 성공의 모습이다.

자제력과 열정의 평형상태 유지

다른 사람 역시 나와 비슷하게 행동하고 생각한다. 생각의 표현이든 신체적 행동으로 나타나는 생각이든 '비슷한 것끼리 모인다'는 것은 사실이다.

사람의 마음은 그때그때 받아들이는 생각과 행동에 맞춰 같은 방식으로 응한다. 친절은 친절을 낳고 불친절과 불공정은 불친절과 불공정을 낳는다. 우리가 남에게 친절을 베풀든 불친절을 베풀든 그것은 더 큰 형태로 증폭되어 우리에게 다시 돌아온다. 그러므로 자기가 받고자 하는 것이 있다면 남에게 그대로 해야 한다. 이때 참을성 부족이 꽤 문제가 된다.

우리가 겪는 대부분의 불행은 자제력 부족 때문에 생긴다. 자신을 스스로 통제하지 못하기 때문이다.

우리가 주목해야 할 점은 성공한 대부분의 사람은 자제력이라는 덕목을 소유하고 있다는 점이다. 자신을 통제하는 힘인 자제력은 사람의 열정을 건설적인 목적으로 사용할 수 있게 도와준다. 자제력이 없는 열정은 전기 폭풍으로 발생하는 무자비한 번개 같다. 그것은 번개처럼 어느 곳이든 떨어져 생명이나 재산을 파괴할 수 있다.

사람의 열정이란 행동에 이르게 하는 매우 중요한 원천임이 분명하다. 반면에 자제력은 행동이 그릇된 방향이 아닌 올바른 방향으로 향하도록 균형을 맞춰주는 평형 바퀴 같다. '균형감각'을 유지하는 사람이 되기 위해서는 열정과 자제력이 평형상태에 머물러 있어야 한다.

타인과의 마찰 없이 협상을 끌어내는 능력은 성공적인 사람이 지닌 뛰어난 자질이다. 당신의 주변 사람을 살펴보아라. 얼마나 극소수의 사람이 이런 협상 능력을 발휘하는지를…, 물론 그중에는 상대방보다 교육 수준이 훨씬 부족하면서도 뛰어난 협상을 이끌어내는 사람도 많이 있다. 그리고 이런 기술은 훈련으로 터득할 수 있는 능력이다.

성공적인 협상 기술은 참을성 있고 고통스러운 자제력을 연마했을 때 비로소 얻을 수 있다. 세일즈맨은 참을성이 부족한 소비자를 만났을 때 자제력을 연습할 기회를 손쉽게 얻을 수 있다. 제대로 연습한 세일즈맨에게서는 흥분한 기색, 무례한 태도나 말 따위를 찾아볼 수 없다. 그는 이미 노련한 협상 기술을 습득했기 때문이다.

자제력을 발휘하기 위해 부단히 노력하는 사람은 자신의 목표를 달성하고 자신의 위치를 더더욱 견고히 다지는 결과를 수확할 수 있다.

그러므로 자신이 실현하고자 하는 목표를 항상 명심하라. 다른 사람의 제안이나 사고의 수용을 신중히 받아들여라. 그것이 자제력을 연습하는 가장 좋은 방법이다. 자신의 선택에 따라 행동할 수 있는 특권은 신이 당신에게 내린 축복이다. 이 축복받은 권리를 조금만 더 연습한다면 당신에게는 이루지 못할 일이 없다.

다른 사람과의 논쟁에서 혹은 세일즈를 하는 과정에서 '자제력을 잃고 화를 내는 것'은 자제력을 기반으로 한 인격형성에 중요한 요소가 부족하다는 뜻이다. 가장 중요한 것은 자신의 행동 방향을 잡을 수 있는 '생각'을 할 수 있는 능력이다.

수업시간 중 어느 학생이 '억누를 수 없을 만큼 화가 나면 어떻게 자신을 조절할 수 있습니까?'라고 물었다. 질문의 답은 이렇다.

"예를 들어 가족과 심하게 언쟁 중이라고 합시다. 그 와중에 당신의 친구가 집에 찾아와 벨을 눌렀습니다. 그때 친구를 대하는 당신의 말투는 친절하게 바뀌었을 겁니다. 이처럼 당신이 원하기만 하면 당신의 말투나 태도는 금세 바꿀 수 있습니다."

만일 이와 비슷한 상황에 부닥친 적이 있었다면 자신이 마음먹은 대로 자신의 감정이나 표정을 얼마나 빨리, 쉽게 바꿀 수 있는지 당신은 이미 잘 알고 있을 것이다. 진정으로 무언가를 원한다면 그것을 이룰 수 있다는 것을 당신은 알고 있다.

모든 성공의 바탕에는 자제력과 사고의 조절이 항상 존재하는데 여기에 한 가지를 더 추가할 수 있다면 금상첨화다. 그것은 바로 '열망'이다. 열망이 얼마나 간절한가에 따라서 우리가 원하는 것이 실현될 수도 있고 그렇지 않을 수도 있다. 무언가를 이루려는 당신의 열망이 충분히 강하면 성공하고자 하는 일에 초인적인 힘을 발휘할 수 있을 것이다.

만약 수많은 성공자가 주장하는 이런 내용이 의심스럽다면 당신은 자신의 경험을 통해 사실을 확인할 수 있을 것이고 곧 그것이 분명한 사실임을 알게 될 것이다.

인내와 자제는
성공의 필수요소

얼마 전 미국의 교도소에 갇혀 있는 16만 명의 성인 수감자를 대상으로 한 설문조사 결과를 보면 놀라운 사실을 발견할 수 있다. 남녀 수감자 중 92퍼센트가 자신의 에너지를 긍정적인 방향으로 이끌어주는 자제력이 부족했기 때문에 죄를 짓고 교도소에 들어왔다고 말한 것이다.

세일즈맨에게도 자제력 부족이 치명적인 약점이라는 것은 앞에서도 설명했다. 세일즈맨은 직업상 소비자로부터 듣기 싫은 소리를 들을 수도 있다. 만약 이때 자제력을 발휘하지 못한다면 그는 자신의 경력에 치명적인 오점을 남기고 말 것이다.

어느 날 백화점에서 자제력의 중요성을 목격할 수 있었다. 불편사항 접수창구에 많은 여성 고객이 긴 줄을 이루고 있었는데 고객들은 불만사항과 백화점의 잘못된 대응을 젊은 여성 직원에게 말하고 있었다. 화를 내는 고객이 있는가 하면 말도 안 되는 이유를 대며 흥분한 고객도 있었고 심지어 욕설까지 서슴지 않는 고객도 있었다.

그러나 데스크에 앉아 있는 젊은 여성 직원은 조금도 동요하지 않고 고객의 불편사항을 다 들어주고 있었다. 직원은 얼굴에 미소를 띤 채 차분하고 상냥한 태도로 고객을 담당 부서로 안내했다. 자제력을 발휘하는 그녀를 보며 어떤 경이로움을 느꼈다. 고객이 불만을 토로하는 동안 그 직원은 고객의 말을 정리해 데스크의 직원에게 건네주고 있었다. 종이에는 고객의 심한 욕설이나 짜증을 제외한 불만사항만이 요약되어 있었다. 웃는 얼굴로 고객의 불만사항을 듣고 있던 직원은 청각장애인이었다.

이러한 방식에 매우 감동하여서 백화점의 매니저를 만나보았다. 그가 말하기를 불편사항 접수창구는 백화점에서 가장 중요하고 힘든 자리인데 그 자리를 버틸 만큼 자제력을 갖춘 사람을 찾기 어려워 청각장애인을 직원으로 채용했다는 것이다. 나는 화가 난 고객을 보면서 데스크에 앉아 있는 직원의 미소가 얼마나 기분을 좋게 만드는지 알 수 있었다.

고객들은 울부짖는 늑대처럼 왔다가 양처럼 온순하고 조용하게 돌아갔다. 그들 중 몇몇은 직원의 자제력 때문에 스스로 부끄러움을 느끼고는 양처럼 순한 모습으로 떠났다.

그 장면을 목격한 이후로 듣기 싫은 말을 들어 화가 날 때마다 그 직원이 보여준 자제력을 생각한다. 그리고 모든 사람에게는 때때로 귀마개가 필요하다는 생각이 들기도 한다. 나른 사람이 하는 쓸데없는 말에 전혀 신경 쓰지 않는 습관을 갖도록 도와주기 때문이다.

법정에서 '기억이 안 나요' 혹은 '나는 잘 몰라요' 라는 대답으로 일관하는 비협조적인 목격자를 심문할 때 아주 기발한 속임수를 사용하는 변호사를 본 적이 있다. 모든 심문방법이 실패로 돌아가면 최후의 수단으로 목격자를 화나게 만든다. 그러면 이내 목격자는 이성을 잃어 이야기하지 않으려고 했던 것까지 모두 말해버리고 만다.

대부분의 사람들은 자제하는 능력이 부족해 주변에서 떠드는 모든 화제 거리에 다 끼어들고 싶어 한다. 남의 대화에 끼어들지 않고 가만히 듣고만 있는 사람이 과연 몇 명이나 될까?

혹시 큰 '기회'가 자신에게 오지 않는다고 생각했던 적이 있는가? 아마도 수백 번의 기회가 당신 곁으로 왔다 갔을 것이다.

그러므로 기억하라!

준비하면서 기다리면 당신은 조만간 찾아오는 기회를 잡을 수 있다. 그 기회를 위해 부단히 갈고 닦아라. 그러면 '이것이 기회다'라고 생각될 때 자신의 것으로 확실히 만들 수 있다. 그때 인내와 자제는 필수다.

자제력이 성공에서 중요한 요소인 또 다른 이유는 자제력이 부족하면 '명확한 중점 목표' 달성에 필요한 다른 자질을 상실하기 때문이다. 자제력이 부족하면 다른 사람에게 상처를 줄 수 있을 뿐 아니라 자신에게도 상처를 입힐 수 있다는 사실을 명심하라!

자신을 통제해야
남도 통제한다

| 얼마 전에 세일 중인 백화점에 간 적이 있다. 많은 여성이 속치마를 판매하는 한 가게 앞에 몰려들어 서로 밀쳐댔다. 그때 한 중년 여성이 사람들 사이로 기어들어가서는 마침내 철벽 같은 장막을 뚫고 판매직원이 어떤 고객과 상담하는 곳으로 끼어들었다. 그리고 큰 목소리로 직원의 관심을 자신에게로 돌리려 했다.

직원은 여성에게 미소지어 보이며 '예, 아가씨 잠시만 기다려주세요'라고 말한 뒤 상담하던 고객에게로 시선을 옮겼다. 그는 흥정도 잘했지만 분명히 인간의 본성에도 정통한 듯 보였다. 왜냐하면 끼어들었던 중년 여성은 스스로 조용해졌기 때문이다.

우리는 이 직원이 자제력에 능숙한 사람이라는 걸 알 수 있다. 중년 여성의 태도를 돌연 바꾸게 한 것이 '아가씨'라는 말 때문이었는지 아니면 직원의 친절한 태도 때문이었는지는 잘 모르겠다. 어쨌든 직원은 자제력을 잘 발휘한 덕분에 그 여성에게 속옷을 세 벌이나 팔 수 있었고 그 '행복한' 아가씨는 젊어진 기분에 기분 좋게 자리를 떠날 수 있었다.

하루는 대형마트의 장갑 파는 코너에서 일하는 직원과 이야기를 나눴다. 그는 4년이나 그곳에서 일했지만 아무도 자신의 가치를 알아봐 주는 사람이 없다며 다른 직장으로 옮길 생각이라고 말했다. 그와 대화를 하는 사이에 한 손님이 다가와 모자를 좀 보여 달라고 했다. 그러나 직원은 손님이 자신의 도움을 애타게 기다린다는 것을 알면서도 이야기가 끝날 때까지 손님을 무시했다.

한참 후에야 그는 손님에게 돌아서더니 '이 코너는 모자를 팔지 않습니다'라고 말했다. 손님이 다시 어느 코너에서 파느냐고 물어보자 그는 '저기 서 있는 안내원한테 가서 물어보세요'라고 답했다.

사실 4년이라는 긴 시간 동안 그에게는 수많은 기회가 찾아왔을 것이다. 하지만 그는 자신에게 그런 기회가 있었는지조차 모르고 있었다. 직원은 상점에서 만나는 수많은 고객과 친구가 될 수 있었고 그 기회를 제대로 활용했다면 많은 고객이 그와 거래하려고 가게를 찾았을 것이다.

다시 말해 그는 상점에서 반드시 필요한 사람이 될 수도 있었다. 그러나 도움을 청하는 손님에게 그런 식으로 딱딱하게 잘라 말하면 좋은 기회는 다시 오지 않을 것이다.

어느 비 내리는 오후, 한 노부인이 피츠버그에 있는 백화점에 들어왔다. 그녀는 매장 여기저기를 목적 없이 서성거리며 물건은 사지 않고 점원에게 계속 말을 걸었다. 직원들은 부인을 한번 위아래로 훑어보고는 그녀와 눈이 마주치는 것을 피하려 물건을 정리하느라 바쁜 척했다.

그때 한 젊은 남자 직원이 부인에게 '무엇을 도와드릴까요?' 하고 정중히 물었다. 그러자 부인은 직원에게 '아니에요, 저는 그냥 비가 그치기만을 기다리고 있어요'라고 대답했다.

분명 부인은 백화점에서 물건을 살 생각이 전혀 없었다. 직원은 부인에게 물건은 사지 않아도 괜찮다며 백화점의 물건을 온 힘을 다해 설명했다. 부인이 백화점 밖으로 나가려고 하자 직원은 거리로 배웅하며 우산까지 펴주었다. 부인은 직원에게 명함을 한 장 달라고 한 뒤에 이내 빗속으로 사라졌다.

오랜 시간이 흐르고 직원은 그 일을 까맣게 잊고 있었다. 그러던 어느 날 백화점 사장이 그를 사장실로 불렀다. 사장은 그에게 편지 한 장을 보여주었다. 내용은 스코틀랜드로 사람을 보내 자신의 저택에 들여놓을 가구를 주문하겠다는 요청이었다.

편지를 보낸 사람은 놀랍게도 몇 달 전 비를 피해 백화점 안으로 들어왔던 그리고 거리까지 배웅했던 노부인이었다. 더욱 놀라운 것은 부인은 철강 왕 앤드루 카네기의 모친이었다.

카네기의 모친은 편지에 얼마 전에 자신을 도와줬던 젊은 남자 직원이 주문을 받았으면 한다고 했다. 그녀의 총 주문량은 실로 어마어마했고 이 일로 직원은 높은 자리로 승진할 수 있었다. 이는 전혀 물건을 구매할 것 같지 않은 고객에게도 온 힘을 다해 친절을 베푼 대가였다.

자신의 가치는
스스로 만드는 것

| 이처럼 인생의 기본이 되는 중요한 법칙은 매일매일 일어나는 아주 평범하고 작은 것에 있다. 다만 일상에 가려서 잘 보이지 않을 뿐이다. 그래서 우리 대부분은 그것을 전혀 눈치 채지 못한다. 다시 말해 정말로 중요한 기회는 종종 겉으로 보기에는 중요하지 않은 일 속에 숨어 있다.

가령 현재 당신 옆에 있는 10명 정도의 사람들에게 왜 자신의 직업에서 더 큰 성공을 이루지 못했냐고 물어보라. 그러면 적어도 10명 중의 9명은 이렇게 대답할 것이다.

"나에게는 아직 기회가 오지 않은 것 같습니다."

더 나아가 이 아홉 명의 하루 일정을 자세하게 관찰하고 분석해 보아라. 아마도 아홉 명 모두가 하루에도 몇 번씩 자신에게 다가오는 절호의 기회를 자신도 모르는 사이에 놓쳐버린다는 사실을 알게 될 것이다. 자신의 행복이 다른 사람의 손에 좌우되지 않도록 적절한 행동으로 처신하는 것은 전적으로 자신에게 달린 일이다.

어떤 일이든지 자부심이란 성공의 가장 중요한 필수요소다. 그러나 정도가 지나치면 매우 위험한 요소가 된다. 그에 반해 자기희생은 칭찬받을 만한 덕목이지만 너무 과하면 자제력 부족의 위험한 상태가 된다.

자제력이 많은 사람은 미움이나 부러움, 질투, 두려움, 복수심 등과 같은 비생산적인 감정에 잘 빠져들지 않는다. 또한, 사물이나 사람에게 자신을 잃을 정도로 도취하거나 통제할 수 없는 광신도적인 감정에 빠져들지도 않는다. 자제력 발휘에 능숙한 사람은 자신이 어떠한 행동을 결정하기까지 상상력과 열정을 계속 불태울 것이다. 물론 그들은 자신의 행동을 조절하고 그 행동으로 지배당하지도 않을 것이다.

반면에 성공에 반하는 행동도 많다. 근거 없이 즉흥적으로 자기를 분석하거나 자신의 가치를 과대평가하는 것은 탐욕과 이기심, 자만 같은 부작용을 초래하기도 한다. 또한, 이런 현상은 자제력이 부족한 사람에게 나타나는 아주 위험한 증상이기도 하다.

그리고 자제력 발휘에 능숙한 사람은 냉소적인 사람이나 염세주의자의 영향을 잘 받지 않는다. 이들은 타인으로부터 '저 사람의 인생은 너무 어두워'라는 소리도 절대 듣지 않을 것이다. 자기 자신을 잘 관리하는 것이 자제력을 가진 사람의 특징이기 때문이다.

자제력 발휘에 능숙한 사람은 결코 다른 사람을 비방하지 않고 무슨 일을 당하든지 남에게 복수하려는 마음을 품지 않는다. 또한, 자제력 발휘에 능숙한 사람은 자신에게 반론을 제기하는 사람을 미워하지 않고 그의 반론을 이해하고자 노력할 것이다. 그리고 그런 노력은 반드시 대가를 받을 것이다.

3. Orient 올바른 방향성을 설정하라

자기가 가진 것에 감사하라

데일 카네기는 1888년 11월 24일 미국 미주리 주의 한 가난한 농가에서 태어나 1955년 11월 1일 67세로 생을 마감했다. 그가 쓴 책《데일카네기의 인간관계론(How to Win Friends and Influence People)》은 세계에서 천만 권 이상 팔렸다.

이 책은 데일 카네기가 초기에 YMCA에서 진행한 성인을 위한 자기계발 코스를 보완하려는 교재였다고 한다. 그의 강의 주제는 자기 확신과 타인과의 원활한 관계를 위한 인간관계에 관한 것이었다.

데일 카네기의 철학은 개인적인 성공을 위해 다른 사람에게 영향을 미치는 방법 이상의 깊은 의미가 있다. 그의 지혜와 상식 그리고 성공의 본질적인 요소를 훌륭하게 요약하는 능력으로 수많은 사람이 실패와 자기 연민의 생활에서 벗어날 수 있는 계기를 만들어 주었다.

현재 당신의 상태나 위치는 어떠한가? 혹시 불만족스럽고 삶이 지루하다고 느끼지 않는가? 틀에 박힌 일상에 지칠 때는 없었는가? 이제 그런 걱정을 떨쳐 버리고 새 출발할 수 있는 비결을 듣기 위해 데일 카네기의 이야기에 귀를 기울여 보자.

저는 수년 동안 하롤드 아보트와 잘 알고 지낸 사이입니다. 그는 제 강의의 매니저였습니다. 어느 날 그와 저는 캔자스 시에서 만났습니다. 그는 저를 미주리 주 벨폰에 있는 자신의 농장으로 데려가 주었습니다. 차를 타고 가는 동안에 저는 그에게 어떻게 걱정에서 벗어났는지 물어보았습니다.

그때 그는 감동적인 이야기를 해주었는데 결코 그 이야기를 잊을 수 없습니다. 그의 이야기는 다음과 같습니다.

저는 과거에 많은 걱정에 사로잡혀 있었습니다. 1934년 어느 봄날 웹 시의 웨스티 도티 거리를 걷고 있었습니다. 그때 모든 걱정을 사라지게 만든 광경 하나를 보았습니다. 물론 그 광경은 10초 정도에 불과했습니다. 그러나 10초 동안에 지난 10년 동안 배웠던 것보다 더 많은 것을 배웠습니다.

당시 저는 2년간 웹 시에서 식료품점을 운영했습니다. 사업 때문에 저축해 놓은 돈을 모두 날려버렸을 뿐만 아니라 7년 이상 갚아야 할 만큼 많은 빚을 졌습니다. 식료품점의 문을 닫아야 했으므로 캔자스 시에서 일자리를 찾는데 필요한 경비를 빌리러 머천드 마이너 은행에 가는 중이었습니다. 저는 패배한 사람처럼 길을 걸었습니다. 힘과 신념을 모두 잃고 터벅터벅 걸었습니다.

그때 갑자기 길 아래에서 누가 오는 것이 보였습니다. 그는 두 다리가 없었습니다. 롤러스케이트처럼 바퀴를 단 작은 나무 상자에 앉아 있었습니다. 그는 두 손을 이용하여 상자를 밀면서 오고 있었습니다. 그 사람이 길을 건너자마자 마주쳤습니다.

그때 그는 높은 인도 위로 가기 위해 약간 몸을 들기 시작했습니다. 그가 인도의 보도 위로 조그만 나무 상자를 들어 올리려 할 때 눈이 마주쳤습니다. 그는 저에게 유쾌한 미소를 지어 보이면서 "안녕하십니까? 선생님, 참 좋은 아침입니다"라고 생기 있게 말을 걸었습니다. 그의 인사를 받으며 제가 그보다는 매우 '부유하다'고 느꼈습니다.

제게는 두 다리가 있어 걸을 수 있습니다. 다음 순간 그때까지 나 자신을 향했던 연민이 수치스럽게 여겨졌습니다. 저는 혼잣말로 '당신이 두 다리가 없어도 행복하고 기뻐하며 확신에 찰 수 있다면 분명히 나도 그럴 수 있다'고 중얼거렸습니다.

그런 생각에 미치자 가슴이 뛰기 시작했습니다. 사실 머천드 마이너 은행에 가서 단 100달러만 빌릴 생각이었습니다. 그러나 200달러를 빌릴 용기가 났습니다. 그때까지만 해도 캔자스 시로 가서 일자리를 얻어 볼 생각이라고 말하려 했습니다. 그러나 일자리를 '구해 볼까?'가 아니고 '구하기 위해' 캔자스 시로 가길 원한다고 자신 있게 말했습니다. 저는 돈도 빌리고 일 사리도 구했습니다. 그때 이후 침실 기울에 다음과 같은 말을 붙여 놓고 면도할 때마다 그것을 읽어봅니다.

"나는 신발이 없어서 우울하다. 그런데 거리에서 다리가 없는 사람을 만났다."

한번은 과달카날에서 상처를 입은 한 상사(上士)에 관한 기사가 타임지에 실렸습니다. 그는 파편을 맞아 일곱 번이나 수혈했습니다. 그는 말을 할 수 없었으므로 담당 의사에게 쪽지를 써서 '제가 살 수 있을까요?'라고 물었습니다. 의사는 '예'라고 대답했습니다. 그는 의사에게 다시 '제가 말을 할 수 있을까요?'라는 쪽지를 썼습니다. 다시 의사는 '그렇다'는 대답을 했습니다. 그때 상사는 '그러면 도대체 무엇을 걱정하는 것입니까?'라는 다른 쪽지를 써서 보여주었습니다.

바로 지금 당신은 '도대체 왜 걱정하는가?'라고 스스로에게 물어보십시오. 당신은 아마도 지금 걱정하는 것이 비교적 덜 중요하고 무의미한 것임을 알게 될 것입니다.

우리는 인생을 살면서 많은 생각을 합니다. 하지만 생각하는 일의 약 90퍼센트는 옳지만 나머지 10퍼센트는 잘못된 것이라고 합니다. 만약 우리가 행복하길 원한다면 먼저 해야 할 것은 옳은 90퍼센트에 집중하고 잘못된 10퍼센트를 무시하는 것입니다. 아니면 걱정과 비탄에 빠지길 원하고 위궤양을 앓길 원합니까? 그러면 그때 해야 할 일은 잘못된 10퍼센트에 집중하고 훌륭한 90퍼센트를 무시하는 일입니다.

걸리버 여행기를 쓴 죠나단 스위프트는 영국 문단에서 가장 처절한 비관주의자로 알려져 있습니다. 그는 자기가 태어난 것을 서글퍼하며 생일에는 검은 옷을 입고 단식을 했다고 합니다. 하지만 그는 절망 속에서도 즐거움과 행복의 위대한 힘을 찬양했습니다.

"세상에서 가장 훌륭한 의사는 식이요법, 평온, 낙천입니다."

여러분과 나는 우리가 소유한 믿을 수 없을 만큼 거대한 부(富) 즉, 동화에 나오는 알리바바의 보화를 훨씬 능가할 만큼의 부에만 우리의 시선을 고정한 채 시간을 보낼 수도 있습니다.

그러나 …

당신의 두 눈을 10억 달러에 팔겠습니까?

당신의 두 발을 다른 무엇과 바꾸겠습니까?

당신의 두 팔을 다른 무엇과 바꾸겠습니까?

당신의 청각을 다른 무엇과 바꾸겠습니까?

당신의 자녀를 다른 무엇과 바꾸겠습니까?

당신의 가족을 다른 무엇과 바꾸겠습니까?

여러분이 지니고 있는 이런 귀한 자산을 생각해 보십시오. 그러면 당신은 록펠러, 포드, 모간이 지금까지 모은 모든 재산을 다 준다 해도 당신의 귀한 것들을 팔 수 없다는 것을 알게 될 것입니다. 그러면 우리는 우리가 가지고 있는 자산에 진정으로 감사하고 있을까요? 유감스럽게도 그렇지 않습니다.

쇼펜하우어는 이렇게 말했습니다.

"우리는 우리가 가진 것을 생각하지 않고 항상 우리에게 부족한 것만을 생각한다."

그렇습니다. 우리가 가진 것은 거의 생각하지 않고 항상 가지지 못한 것만 생각하는 것은 지상에서 가장 비극적인 일입니다. 그런 경향 때문에 재난이 생깁니다. 재난은 역사적으로 볼 때 모든 전쟁과 질병보다 더 잦았습니다.

쇼펜하우어의 말처럼 사람들이 가진 일반적인 경향은 존 파머를 호남아에서 우울한 사람으로 바꿔버렸습니다. 그리고 그의 가정을 거의 파멸시켰습니다. 이런 사실은 그가 나에게 말했기 때문에 알고 있을 뿐입니다. 그는 이렇게 말했습니다.

제가 군에서 제대한 직후 혼자 힘으로 사업을 시작했습니다. 밤낮으로 열심히 일했습니다. 하는 일은 잘되어가는 것 같았습니다. 그러나 도중에 문제가 생기기 시작했습니다. 부품과 원료를 얻을 수 없었습니다. 사업을 포기해야 하는가 하고 걱정했습니다. 걱정에 빠진 나머지 우울한 사람으로 변했습니다. 의기소침하고 고달팠기 때문에 당시에는 그런 변화의 사실을 알지 못했습니다. 그러나 어느 순간 행복한 가정까지도 잃게 될 위험에 빠져 있다는 것을 알았습니다. 그런 어느 날 저를 위해서 일하고 있는 한 젊은 상이군인이 이렇게 말했습니다.

"존, 당신은 자신을 부끄러워해야 합니다. 당신은 마치 세상에서 당신만 문제가 있는 유일한 사람이라고 생각합니다. 당신이 잠시 상점을 닫아야 한다고 생각해 보십시오. 그러면 어떻게 하시겠습니까? 당신은 일이 제 궤도에 오르면 다시 시작할 수 있습니다. 당신은 감사해야 할 많은 것을 지니고 있습니다. 그런데도 당신은 항상 투덜거립니다. 제가 당신을 대신할 수 있다면 얼마나 좋을지 모르겠습니다! 저를 보세요. 저는 팔도 하나고 얼굴의 절반도 망가졌습니다. 그럼에도 불평하지 않습니다. 만약 당신이 계속해서 불평하고 투덜거린다면 당신은 일뿐만 아니라 당신의 건강, 가정 그리고 친구까지도 잃게 될 것입니다."

그의 말은 제 인생 항로에 큰 변화를 주었습니다. 그 말을 듣고 내가 너무나 많은 것을 가진 매우 행복한 존재임을 깨달았습니다. 그때 저는 마음에 큰 자극을 받아 다시 옛 자아로 돌아가기로 하고 나서 재기할 수 있었습니다.

루실 브레이크라는 친구가 있습니다. 그녀를 만난 것은 여러 해 전이었습니다. 그때 우리는 컬럼비아 대학에서 단편소설을 쓰면서 함께 공부하고 있었습니다. 어느 날 대화 중에 그녀가 9년 전 예기치 않은 충격을 경험했다고 말했습니다. 그 일로 그녀는 비극의 구렁텅이에 빠지기 일보 직전 상태였다고 합니다. 그러나 어느 순간 없는 것에 불만을 품지 않고 자기가 가진 것만으로도 행복하게 지낼 수 있는 법을 배웠습니다. 다음 이야기는 그녀가 제게 말한 그대로입니다.

그때 저는 삶의 갈피를 잡지 못하고 있었습니다. 애리조나 대학에서 오르간을 연구하면서 언어장애 교정소를 관리하는 한편, 제가 머물고 있는 데저트 윌로우 렌치에서 음악 감상을 위한 학급을 지도했습니다. 여러 파티에 참석하고 춤을 추며 별을 보고 말을 타기도 했습니다.

그러던 어느 날 아침 절망에 빠졌습니다. 제 심장에 큰 문제가 있었습니다. 의사는 "당신은 남은 1년 동안 침대에 누워 있어야 합니다"라고 말했습니다. 의사는 다시 건강해질 수 있다는 용기를 주지 않았습니다.

1년이나 침대에서만! 환자로 사는 것보다 죽는 것이 낫다. 나는 공포에 사로잡혔습니다. 도대체 어떻게 이런 일이 나에게 있을 수 있는가? 내가 과연 이런 심한 고통을 받아야 마땅한가? 울면서 통곡했습니다. 비탄에 잠겨 완전히 삐뚤어졌습니다. 의사의 충고대로 침대에만 누워 있었습니다. 그때 이웃에 사는 예술가인 루돌프가 이렇게 말했습니다.

"당신은 지금 1년을 침대에서 보내는 일이 비극이라고 생각할 것입니다. 그러나 비극이 아닐 수도 있습니다. 당신은 자신에 대해 생각할 여유를 가지고 자신과 더욱 가까워질 수 있습니다. 당신이 지금까지 살아오는 동안 누리지 못했던 정신적 성장을 오히려 몇 달 동안 누릴 수도 있습니다."

이 말에 용기를 얻어 보다 침착해졌습니다. 그리고 새로운 가치관을 개발하기 위해 노력하고 여러 가지 영감을 주는 책을 많이 읽었습니다. 어느 날 라디오 해설가가 한 말에 귀를 기울였습니다. 그는 "당신은 자신의 의식 가운데 있는 것만을 표시할 수 있습니다"라고 말했습니다. 전에도 여러 번 이 같은 말을 들은 적이 있지만 그때 그 말이 마음속 깊은 곳까지 울렸습니다. 저는 원하는 것만을 생각하기로 했습니다. 즉 기쁨, 행복, 건강에 관한 생각이었습니다.

눈 뜨자마자 매일 아침 감사해야 할 모든 것을 하나하나 생각했습니다. 그때 고통이 줄어들었습니다. 사랑스러운 나의 딸, 나의 눈, 나의 청각, 라디오의 달콤한 음악, 책을 읽을 수 있는 시간, 좋은 음식, 좋은 친구를 생각했습니다. 나에게는 기쁨이 넘쳤고 방문객이 많아서 의사가 한 번에 한 사람의 방문객만 허용하고 그것도 정한 시간에만 허용한다는 푯말을 붙일 정도였습니다.

이후 9년이 흘렀습니다. 저는 지금 적극적이고 의욕적인 삶을 살고 있습니다. 침대에서 보냈던 그 기간을 지금도 깊이 감사하고 있습니다. 생각해 보면 애리조나에서 보냈던 때가 내 인생에서 가장 가치 있고 행복했던 시기였습니다. 그때 이후 나는 매일 아침 축복을 생각하는 습관이 생겼습니다. 이 습관은 저의 가장 소중한 것 중 하나입니다. 저는 죽는 것을 두려워한 그 순간까지 인생을 사는 법을 제대로 알지 못했었고 그런 사실이 저를 부끄럽게 했습니다.

정년을 맞이하여 막 퇴직하려는 은행 총재가 있었다. 그는 오랜 임기를 훌륭히 마치고 영광스럽게 은퇴를 맞이했다. 이사회에서는 나이 많은 사람들을 제치고 급격히 성장하고 있는 한 젊은 중역을 그의 후임으로 뽑았다. 어느 날 아침 젊은 미래의 총재는 퇴직하는 총재로부터 좋은 충고를 얻고자 선임자와 약속을 하고 만났다.

"총재님! 잘 아시다시피 저는 총재님의 경력보다 크게 부족합니다. 총재님은 은행의 총재로서 오랜 세월을 매우 성공적으로 보내셨습니다. 혹시 총재님께서 일하시면서 얻은 통찰력이나 성공의 열쇠라고 믿는 것들을 저에게 나눠 주실 수 있을까 해서 찾아왔습니다."

이 말을 듣고 늙은 총재는 덥수룩한 눈썹 밑으로 눈길을 고정하고 대답했다.

"젊은이, 딱 두 단어지. 훌륭한 결정! 그것이 훌륭한 총재야."

그러자 젊은 총재는 다시 물었다.

"대단히 감사합니다. 하지만 어떻게 훌륭한 결정을 내리죠?"

"한 마디로 그것은 경험으로부터 얻지."

"하지만 경험은 또 어떻게 얻을까요?"

"젊은이, 그것은 나쁜 결정에서 얻지"라고 총재는 대답했다.

나쁜 결정으로부터 교훈을 얻어 다음에는 좋은 결정을 내리고 그것들이 쌓여 훌륭한 업무수행에 도움이 됐다는 이야기다. 그러면서 그는 덧붙였다.

"나의 결정이 항상 옳은 것은 아니었지만, 그것이 비록 나쁜 결정이라 해도 아무런 결정을 안 하는 것보다는 나은 것이었다네…."

04

Decide
적절한 대응책을
결정하라

성공의 가장 큰 덕목
'결단력'

부자가 되고 성공하는데 가장 필요한 덕목은 뭘까? 바로 '결단력'이다. 수천 명을 조사해 본 결과 여러 가지 실패의 원인 중에서 결단력의 결여가 가장 큰 원인이었다. 그러므로 반대의 뜻을 가진 우유부단 즉, 결정을 못 하는 태도는 누구나 극복해야 할 최대의 적인 셈이다.

반대로 거대한 부를 이룩한 수백 명의 사람을 분석한 결과 명백히 밝혀진 것은 예외 없이 모두가 신속한 결단력의 소유자라는 점이다. 그리고 이들은 한번 내린 결정을 변경해야 할 때는 '시간을 갖고 신중하게 생각하여 새로운 결단을 내린다'는 것도 특징이었다.

반면 아주 재미있게도 부의 축적에 실패한 사람들은 예외 없이 결단이 매우 느리고 결정을 변경할 때는 아주 재빠르다. 게다가 계획을 자주 변경한다.

세상을 살아간다는 의미는 항상 선택하고 결정하는 일의 연속이다. 예를 들면 복권 1등 당첨 확률은 몇 백만 분의 1의 수치지만 확실히 말할 수 있는 것은 사지 않은 복권은 영원히 당첨되지 않는다는 점이다. 어쨌든 복권을 산다면 비록 몇 백 만 분의 1의 확률이라도 당첨 가능성이 있다.

사람이 하는 어떤 결정이 항상 옳을 수는 없고 성공이 확실히 보장된다고 할 수도 없다. 가능성은 상황에 따라 다르다. 그러나 우리는 수시로 결정해야 한다. 결정이 없으면 성공할 가능성도 없다. 이러한 상황은 복권 구매를 결정할 때와 일맥상통한다.

성공에는 '선택과 결단'이 필요하다

성공에는 열정, 목표를 향한 강한 욕구, 성공에 대한 자신감 등 정신력에 관한 부분이 큰 요인으로 작용한다.

전체 세일즈맨의 약 47퍼센트는 처음 만난 고객이 'No(아니요)'라고 하면 두 번 다시 찾아가지 않는다고 한다. 거절당한 후 두 번까지 찾아가는 세일즈맨은 전체의 28퍼센트, 세 번까지 방문하는 경우는 12퍼센트 정도라고 한다. 전체 세일즈맨의 87퍼센트가 몇 번 시도하다가 상대방의 반응이 없으면 포기하는 셈이다.

하지만 세일즈맨의 10퍼센트는 다섯 번 이상 찾아간다. 그런데 여기서 놀라운 것은 이들 10퍼센트의 세일즈맨이 회사 전체의 매출에서 무려 80퍼센트를 차지한다는 사실이다. 그들은 한두 번 실패해도 계속 방문하여 목표를 달성한다.

이렇게 계속 방문을 하든 아니면 포기하든 그것은 모두 자신의 결정에 속하는 행위다. 이는 목표달성을 향한 열정이 사람을 움직이는 큰 힘이 된다는 증거이다.

인생이나 사업도 마찬가지다. 'I CAN DO', '난 해낼 수 있어' 등과 같이 성공하겠다는 강한 욕망과 꼭 성공할 수 있다는 자신감으로부터 성공은 시작된다. 또한, 사람은 자신이 생각하는 만큼만 이룰 수 있다고 한다. '나는 꼭 성공한다', '나는 반드시 성공할 수 있어'라고 지속해서 자신에게 암시를 걸면 정말 그렇게 된다고 한다. 한 사람의 성공이란 스스로 긍정적인 암시를 하는 것부터 시작하며 이를 위해서도 당연히 '결단과 선택'이 필요하다.

앤드루 카네기는 18세 때 펜실베이니아 철도의 관리국에서 일했다. 어느 날 출근해 보니 동부 행 열차가 고장을 일으켜 단선인 선로를 가로막고 있었다. 여기저기서 정체 해소를 호소하는 전문이 날아들었다.

모든 열차의 운행은 관리국 지시에 따라야하는데 관리국의 상사는 아직 아무도 출근하지 않았다. 게다가 열차의 배차 권한은 관리국장만 갖고 있었고 어느 누구도 국장의 지시 없이는 명령을 내릴 수 없었다.

아무리 위급한 상황이라도 명령을 내리면 월권행위가 되어 목이 열 개라도 살아남지 못할 일이었다. 카네기에게 이 자리는 천신만고 끝에 겨우 얻은 목숨과도 같은 일터였다. 한동안 고민하던 그는 교통 정체를 없앨 수 있는 적절한 명령문을 쓴 후 국장의 이름으로 무전을 쳤다.

이로써 한 가지 문제는 해결했으나 결과적으로 카네기는 가짜 전보를 보낸 월권행위를 하고 말았다. 얼마 후 출근한 국장은 정체보고서를 보자 즉석에서 명령전문을 쓰고 카네기에게 타진하도록 지시했다. 명령문을 받은 그가 말했다.

"사실은 벌써 보냈습니다."

"보내? 누가?"

"제가 보냈습니다. 사태가 급박해 국장님이 오실 때까지 기다릴 수 없어 국장님 명의로 보냈습니다. 전문의 원본은 여기 있습니다."

카네기는 자기가 보낸 전문을 보여드렸다. 내용은 방금 국장이 써 준 것과 같았다. 국장은 잠시 복잡한 표정으로 침묵했다. 그러나 이 사건 이후로 국장은 카네기를 보는 눈이 달라졌다. 기회가 있을 때마다 본사에 카네기 칭찬을 했고 얼마 후 국장이 물러나자 회사에서는 카네기를 후임

국장으로 취임시켰다.

카네기는 가난했으나 긍지가 있으며 성실하고 근면했다. 이것이 그의 성공에 큰 요인으로 작용한 것은 사실이지만 그에게는 더욱 중요한 성공의 자질이 있었다. 그것은 앞의 예에서 보듯 사태에 관한 정확한 판단력과 시의적절한 결단, 그리고 대담한 행동력이다.

미국 35대 대통령 케네디는 당시의 소련 수상 흐루쇼프의 도전에 3차 세계대전도 불사한다는 결연한 태도를 보여 위기를 넘긴 결단의 사나이다. 미국 첩보기관은 U2 정찰기가 공중촬영한 당시 쿠바에 건설 중이던 소련의 공격용 미사일 기지를 확인했다. 그때는 이미 스탈린 시대를 지나 동서의 냉전 양상은 다소 누그러진 형편이었으나 여전히 평화가 요원하던 1962년이었다.

소련 수상 흐루쇼프는 '미사일을 쿠바에 보내지 않겠다'고 입버릇처럼 말하면서도 속으로는 '미국은 전쟁을 벌이지 못할 것'이라고 단정하고 있었다. 그는 젊은 케네디가 강경한 수단을 취하지 못하리라 생각하고 핵미사일 기지를 쿠바에 건설해 군사적 우위를 확립하려고 했다.

쿠바를 향해 소련제 미사일을 실은 함정이 항해 중이라는 급보를 받은 케네디는 과감한 결단력을 발휘했다. 사태는 긴급했고 일은 은밀하게 진행해야만 했다.

대통령의 지명으로 소집한 국가안전보장회의 멤버 모두에게 비밀엄수 명령을 내리고 의견을 들으면서 사태를 검토하고 지시를 내렸다.

이 과정에서 케네디를 가장 고민에 빠뜨린 것은 쿠바에 핵미사일을 두지 못하게 하는 방법으로 제안된 '융단폭격으로 미사일 기지를 단숨에 없애고 카스트로 정권까지 없애자'는 강경론이었다.

그러나 케네디의 마지막 결단은 '해상봉쇄가 폭격보다 한정적이고 온건한 방법이다. 흐루쇼프에게 선택의 시간과 길을 터주는 동시에 정세에 따라서는 폭격으로 확대할 수도 있고 더구나 동맹국의 이해도 얻기 쉽다'는 것이었다. 케네디는 해상봉쇄를 단행했다.

이처럼 단시간에 단호한 결단을 내릴 수 있었던 것은 자기의 뜻에 따라 선별한 인재를 통솔하면서 여러 사태에서 발생할 수 있는 모든 가능성을 평소 충분히 검토하고 대책을 강구하고 있었기 때문이다.

존중받지 못하는 영광은 필요 없다

"인간으로서 존중받지 못하는 한 영광이란 허울은 아무 쓸모가 없다."

이 말은 무하마드 알리가 인종차별에 분노하여 세계를 향해 외쳤던 절규다. 무하마드 알리 즉, 캐시어스 클레이는 1960년 로마 올림픽 복싱 라이트헤비급 금메달리스트였다. 그러나 흑인이라는 이유로 식당에서 쫓겨나자 강물에 금메달을 던져버렸다.

1964년 백인 주인의 성을 따랐던 이름 캐시어스 클레이를 무하마드 알리로 바꾸고 프로에 도전하여 WBC 헤비급 챔피언이 되었다. 파란만장한 삶을 살았던 알리는 1967년 '베트남은 우리를 검둥이라 욕하지 않는다'며 베트남 전쟁 징집을 거부하여 3년간 출전 금지와 챔피언 타이틀, 권투선수 자격을 모두 박탈당하는 수모를 겪었다.

그 후 1974년 각고의 우여곡절을 겪은 32살의 노장 무하마드 알리는 24살의 조지 포먼을 8회에 KO 시켜 또 한 번의 기적을 만들어 냈다.

무하마드 알리는 역사상 가장 뛰어난 권투 선수 가운데 한 명으로 많은 사람의 사랑을 받았지만 한때는 그도 가난한 무명 선수였다. 세계 챔피언 소니 리스톤과의 큰 시합을 앞둔 날 캐시어스 클레이라는 무명 권투선수는 기자들에게 말했다.

"나는 세계 최고다!"

기자들은 건방진 녀석이라며 비웃었다. 하지만 그가 정말로 강적 소니 리스톤을 쓰러뜨렸을 때 사람들은 그를 주목 했다. 그는 경기에서 이겼을 뿐만 아니라 승리도 예언했다. 아마 많은 사람이 그날의 스포츠면 머리기사를 장식한 한마디를 기억하고 있을 것이다.

"나는 세계 최고다!"

무하마드 알리는 '나는 세계 최고다!'라는 자신의 좌우명을 끊임없이 되뇌면서 세계 순회 경기를 계속했다. 그리고 몇 라운드에서 상대 선수를 쓰러뜨릴 것인지 장담하기까지 했는데 그의 예상은 한두 경기를 제외하고는 모두 들어맞았다.

어떻게 그런 일이 가능했을까? 무하마드 알리에게 미래를 볼 수 있는 신비한 능력이 있었을까? 아니면 다른 사람은 모르는 그만의 특별한 방법이 있었을까? 답은 '그렇다!'이다. 무하마드 알리가 갖고 있던 신비한 힘은 바로 자기 확신과 자신이 내뱉은 말을 현실로 만들려는 치열한 자기 최면이었다.

자기 확신은 스스로 혹은 다른 사람이 나에게 말을 함으로써 생기며 그 말을 믿고 의지하면 그대로 이루어진다. 무하마드 알리는 '나는 뛰어나다', '나는 최고에 가깝다', '나는 내년에 최고의 선수가 될 것이다'라고 말하지 않았다. 단순하고 분명하게 '나는 세계 최고다!'라고 말했다.

이것은 매우 주목할 만하다. 세 가지 일을 동시에 해냈기 때문이다.

첫째, 잠재의식의 힘을 일깨웠다. 시합을 앞둔 그 순간 그 자리에서 자신을 정의하여 잠재의식으로 하여금 무엇을 믿어야 하는지를 밀했다.

둘째, 사람들 앞에서 자신의 확신을 큰소리로 선언하여 되돌릴 수 없는 사실이라는 점을 인지하도록 했다. 그 결과 그의 잠재의식은 선언을 따라야만 했다.

셋째, 일단 그가 자신의 말대로 세계 챔피언이 되자 다른 사람도 그의 말을 믿었다. 3라운드에 때려눕히겠다는 알리의 선언을 상대 선수에게 들려주면 상대 선수는 이미 3라운드에 패배할 준비가 된 것이다.

알리의 자기 확신의 힘은 대단했기 때문에 상대 선수조차 그의 말이 그대로 이루어질 거라고 믿었다. 따라서 결과도 그렇게 나왔다. 알리는 자기 자신과 상대 선수의 심리를 완전히 압도했다. 알리는 확신의 말 이외에도 다른 형태의 자기 확신을 드러냈다.

그는 경기를 시작하기 전 심판이 주의사항을 이야기할 때 상대 선수를 노려보며 눈싸움으로 미리 제압했고 매 라운드의 휴식 시간에도 절대 코너에 앉지 않았다. 이렇게 스스로 이긴다는 믿음을 확인하고 상대 선수에게는 절대 이길 수 없는 강적이라는 인상을 심어주었다.

이렇게 알리의 권투 기술은 굉장했지만 심리적 기술은 더 대단했다. 그는 마음으로 권투를 했다. 어떤 일이든 우선 마음으로 승리한 후 전쟁터에 나서야 실제로 이길 수 있다.

케시어스 클레이에서 무하마드 알리라는 스스로 선택한 이름으로 바꾸고 독특한 삶을 추구한 그는 어느새 세계적인 대스타가 되었다. 매 순간 그의 결단은 그에게 승리로 돌아왔던 것이다.

과거에 그랬으니
현재도 그럴 것이다

| 일을 선택하고 결정하는 과정에 관한 재미있는 실험이 있다. 쥐가 접시에 담긴 음식을 먹으려 할 때마다 전기 충격을 주어 쥐의 반응을 연구하는 실험이다. 몇 번 전기 충격을 반복하면 쥐는 전기 충격이 두려워 접시에 다가오지 않는다. 다음에는 전기를 끄고 접시에 더 맛있고 식욕을 자극하는 음식을 올려놓는다.

그럼에도 쥐는 계속 접시에 접근하지 않는다. 시간이 흘러도 쥐는 전기 충격의 고통스런 기억 때문에 접시의 음식을 먹지 않는다. 과거의 경험이 현재의 선택을 제한하는 것이다.

사람도 과거의 어떤 일 때문에 위험에 맞서기보다는 오히려 굶어 죽는 것을 택하는 경우가 많다. '과거에 그랬으므로 현재도 그럴 것이다'라고 입력된 프로그래밍이 그렇게 만든다.

위의 실험에서 쥐는 언제든지 다시 접시에 접근해 전에 먹었던 것보다 더 맛있는 음식을 먹고 기운을 회복하고 생존할 수도 있었지만 결단을 내리지 못했다. 아니 시도조차 하지 않았다. 부정적인 프로그래밍의 힘이란 이렇게 강력하다.

비슷한 이야기가 하나 더 있다. 벼룩에 관한 것이다. 벼룩을 뚜껑이 없는 상자에 넣으면 재빨리 뛰어올라 나온다. 그러나 잠시 후 상자의 뚜껑을 닫으면 벼룩은 처음에는 미친 듯이 뛰지만 곧 포기한다.

다시 뚜껑을 열면 벼룩은 뛰어나오려 하지 않고 그대로 상자 속에 머무른다. 전처럼 펄쩍 뛰어 상자 밖으로 나오려 하지 않는다. 쥐와 마찬가지로 벼룩도 과거의 사건이 머릿속에 프로그래밍 되어 있어 그것이 미래에도 계속 지속된다고 생각하기 때문이다.

서커스단의 코끼리도 마찬가지다. 코끼리는 코로 무려 1톤의 짐을 들어올릴 수 있는 괴력을 가지고 있다. 하지만 서커스를 보러 가면 그 거대한 동물이 작은 나무 말뚝에 매여서 꼼짝도 못하는 것을 볼 수 있다. 참으로 신기한 일이다. 나무 말뚝은 기껏해야 50분의 1톤 정도밖에 안 나갈 텐데 왜 이런 현상이 생겼을까?

코끼리가 어리고 힘없는 시절에 아주 무거운 쇠말뚝으로 묶어 놓는다고 한다. 코끼리는 빠져나오려고 몸부림을 쳐 보지만 쇠말뚝은 끄떡도 하지 않는다. 코끼리는 자라면서 몸이 커지고 힘이 강해지지만 말뚝에 매여있는 한 빠져나갈 수 없다는 고정관념이 세뇌되어 있기 때문에 쇠말뚝도 아닌 나무 말뚝도 뽑을 수 없게 된 것이다.

매우 서글픈 이야기지만 사람도 그렇다. 쥐, 벼룩처럼 사람도 선생님, 코치, 친구 그리고 부모에 의해 자신은 평범한 아이라고 세뇌 당한다. 그리고는 평균적인 보통 아이로 오직 평균적인 수준만을 달성할 수 있다고 믿기 시작한다. 그후 어떤 일을 선택하고 결정할 때마다 기존에 입력된 자기에 관한 선입견이 그의 발목을 잡는다.

동물과 사람 사이에는 중요한 차이가 하나 있다. 동물은 한 번 진 상대에게 다시 싸움을 걸지 않는다고 한다. 한 번 싸움에 지면 상대가 나보다 힘이 세다는 것이 머리에 인식되기 때문에 다시 싸울 생각조차 하지 않는다.

그러나 인간은 한 번 진 상대에게 다시 덤벼든다. 물론 인간도 한 번 진 상대에게 주눅이 든다든지 고정관념에 빠지는 일이 아주 없지는 않다. 그러나 지난번 싸움에서 진 원인을 철저히 분석하고 한 번 진 상대에게 다시 질 수 없다는 불굴의 투지를 발휘하기 때문에 설욕할 수 있다.

과거로부터 입력된 의식을 과감히 버리는 것이 미래를 위한 발전적인 결정에 도움이 된다. 목표가 있다면 수단도 있다. 그리고 어떤 선택에는 대가가 따른다. 가령 시내까지 자동차를 운전해서 가는 선택을 했다고 하자. 그가 차를 타지 않고 기름도 넣지 않고 가속페달도 밟지 않으면 앞의 선택은 의미가 없다.

선택에는 헌신과 희생의 의미가 담겨 있으므로 이 경우에는 진정한 선택을 한 것으로 볼 수 없다. 간단히 말해 '예외'의 토대 위에서 성공적인 삶을 이뤄낼 수는 없다. 매 순간의 선택이 목표를 향한 처음의 선택을 지속해서 지지하는 경우에만 궁극적인 성공이 찾아온다.

당장 즐거움을 포기하면 궁극적인 성취와 만족으로 보상받는다. 장기적인 보상은 우리가 지속해서 관심을 기울이는 곳에 존재한다. 근사한 새 집에 살거나 멋진 예술품을 즐기거나 곡예용 비행기를 타고 구름 위를 날거나 사랑이 넘치는 가족의 따뜻함 속에 파묻힌 자신의 모습을 매일같이 상상하는 일은 중요하다.

그렇게 스스로 정한 목표가 무엇이든, 목표가 오랫동안 바라던 꿈과 가장 진실한 사고에서 비롯된 것이라면 목표의 실현에 계속 관심을 기울일 수 있다. 물론 쉽지는 않겠지만 충분히 가능한 일이다.

록키(Rocky),
실베스터 스탤론

미국에 찢어지게 가난한 한 청년이 있었다. 가진 돈을 모두 털어도 양복 한 벌조차 살 수 없는 그였지만 항상 마음속에 꿈을 간직하며 살았다. 그의 꿈은 배우가 되어 영화를 찍고 스타가 되는 것이었다. 당시 할리우드에는 500여 개의 영화사가 있었다.

그는 자신이 정한 원칙에 따라 영화사 명단을 작성했다. 그리고 직접 쓴 시나리오를 가지고 일일이 그 영화사들을 방문하기 시작했다. 150여 개의 영화사를 거의 다 돌았지만 그의 작품을 원하는 곳은 단 한 곳도 없었다. 그러나 청년은 낙담하지 않았다.

어떤 영화사에서는 시나리오만 사겠다는 반응도 보였지만 청년의 조건은 자신이 '영화의 주연을 맡는 것'이었다. 당연히 무명의 시나리오 작가를 주연으로 해서 영화를 찍을 영화사는 없었다. 그는 이를 악물고 처음 방문한 영화사부터 다시 방문을 시작했다.

그리고 349번째 영화사 사무실 방문을 마치고 350번째 영화사에 찾아갔을 때 뜻밖에도 사장이 황무지를 개척해 보겠다는 듯이 시나리오를 놓고 가면 검토하겠다고 말했다. 며칠 뒤 청년은 자세한 이야기를 위해 영화사를 방문해 달라는 연락을 받았다.

상담을 통해 영화사는 투자를 결정하고 청년에게 남자 주인공 역을 맡겼다. 그 영화가 바로 공전의 히트작 '록키(Rocky)'이다. 이 영화는 1976년 아카데미 작품상, 감독상, 편집상 등 세 개 부문을 수상했다. 그리고 이 끈기 있는 젊은이가 바로 실베스터 스탤론이다.

스탤론은 이탈리아 시칠리아 출신의 가난한 이민자의 아들로 12세 때 부모가 이혼하여 불량소년과 어울려 소년 시절을 보냈다. 고등학교를 12번이나 바꿨고 마이애미 대학교 연극과를 졸업한 뒤 식료품 가게의 점원과 영화관의 안내원으로 일하면서 생활을 꾸려 나갔다.

그러던 그가 자신의 꿈을 시나리오로 썼다. 평소 흠모하던 록키 마르시아노의 생애와 무하마드 알리의 시합을 보고 힌트를 얻었다고 한다. 그는 직접 시나리오를 집필하고 자신이 주인공으로 출연하는 조건으로 영

4. Decide 적절한 대응책을 결정하라

화를 만들었다.

실베스터 스탤론의 이야기는 거절이나 실패를 절대 두려워하지 말라고 일깨워준다. 몇 번이나 실패를 겪을지, 거절을 당할지, 시작하지 않으면 누구도 알 수 없다. 다만 자신의 선택과 결정이 옳다면 신념을 가지고 매진해야 한다.

'경마장 심리'라는 선택에 관한 심리학 용어가 있다. 캐나다의 심리학자 크녹스는 경마장에서 사람들의 행동을 연구하던 중 매우 흥미로운 사실을 발견했다. 경마장에 온 사람들은 불과 30초 전까지는 자신 없고 안절부절 하다가도 막상 자신이 택한 말에 돈을 건 다음에는 상황이 달라진다는 것이다.

처음에는 망설여도 자신의 선택이 옳다고 확신하면서 자신감이 생긴다고 한다. 경마장에 온 사람은 대개 특정한 말에 돈을 건 후에는 돈을 걸기 전과 비교하여 말이 경마에서 우승할 확률이 더 높다고 생각한다.

여러 말이 경마장을 달리지만 일단 특정 말의 마권을 사면 이제까지 무관심하던 마음이 적극적으로 변해 자신이 선택한 말이 우승할 확신이 생긴다고 한다. 이렇게 사람은 일단 어떤 일을 결정하고 난 뒤에는 그 일의 옳고 그름에 연연하지 않고 일관성 있게 행동하려는 경향이 있다.

그래서 많은 사람이 자신의 고집을 꺾지 않고 한 번 시작한 일은 집념을 가지고 끝을 보려고 한다. 또한 그것이 이제껏 우리가 교육받은 것이기도 하다. 주식이나 로또 복권에 기대를 거는 것도 같은 맥락인데 가령 선택하기 전에는 별로 관심이 없었던 말이라도 일단 선택한 후에는 열광적인 신뢰를 보내는 것이 바로 '경마장 심리'이다.

위의 여러 예에서도 알 수 있듯이 사람들은 모든 일에서 선택을 강요받는다. 그러나 일단 어떤 결정을 내리면 그 결정에 관한 압력을 자신의 행동이나 감정을 정당화하는 방향으로 맞춰 나간다.

인간관계에서
수확체증의 원리

 하는 시대에 살고 있다. 인생의 성공은 상호간의 협력과 노력 없이는 거둘 수 없다. 성공한 사람은 어떤 형태로든지 협력하는 마음가짐을 갖고 있다. 전문적인 분야는 물론 산업이나 경제 분야에서도 마찬가지다.

목표를 달성하기 위해서는 연합을 형성하거나 그룹을 조직해 상부상조하는 협력이 필요하다. 또한 협력을 바탕으로 얻은 행운은 절대 다른 사람의 마음에 상처를 주지 않는다. 이는 경쟁과 투쟁을 통해 다른 사람으로부터 강탈한 행운에 비해 훨씬 더 가치 있는 것이다.

현대사회에서는 독자적으로 노력한다고 성공을 거두는 시대가 아니다. 만약 어떤 사람이 문명세계와 동떨어진 황무지에서 혼자 수행자로 살아간다 해도 그는 살아남기 위해서 자신 외의 외부세계에 의존할 수밖에 없다. 성공을 거두는 힘은 지식으로부터 발전된 힘이다. 이 힘은 '협력과 행동'을 통해 계획하고 표현한다.

우리는 현재 적자생존의 시대에 살고 있다. '적자'라는 것은 힘이 있다는 것으로 이 힘은 조직된 노력에서 나온다. 반면 불행은 이를 무시하는 사람, 자기중심주의에 물들어 있는 사람, 의지가 약한 사람에게 주로 찾아간다.

경쟁관계보다 협력관계를 중요하게 생각하는 사람은 공을 크게 들이지 않아도 수많은 기회와 부를 손에 넣을 수 있을 뿐 아니라 다른 사람은 느끼지 못하는 행복도 덤으로 느낄 수 있다.

모든 사무실이나 상점, 은행 등 어느 장소를 가든지 게으름 때문에 실패의 늪에 서서히 빠져드는 사람이 있다. 그들은 추진력을 갖고 노력하지 않아 결국엔 실패한다. 여러분이 매일 만나는 사람을 잘 분석하면 반드시 이런 유형의 사람을 발견할 수 있다. 그들에게 말을 걸어보면 그들은 틀림없이 다음과 같은 철학을 지니고 있을 것이다.

"저는 제가 받은 만큼만 일합니다. 덕분에 풍속하진 않지만 생활은 뭐 그럭저럭 합니다."

그렇다. 그렇기 때문에 그런 마음의 상태 때문에 그들은 그저 '그럭저력' 산다. 지금의 상황이 전부다. 그것으로 그들은 끝이다.

보수보다
더 많은 일을 한다

| 농부는 땅을 일구어 씨앗을 뿌린 다음 수확을 기다린다. 그러면 수확체증의 법칙에 따라 처음 뿌린 씨앗의 양보다 훨씬 많은 곡물을 수확할 수 있다. 이런 수확체증의 법칙이 없었다면 인간은 소멸했을지도 모른다. 인간 생존을 위한 충분한 식량을 땅으로부터 얻어낼 수 없기 때문이다.

만일 뿌린 씨앗보다 더 많은 양이 생산되지 않는다면 땅에 씨앗을 뿌려서 얻을 수 있는 이익이 사라진다. 우리가 밭에서 얻을 수 있는 이러한 자연이 주는 '사례금'의 중요성을 염두에 두고 수확체증의 법칙을 우리 것으로 만들어 우리가 제공하는 서비스에 적용해 보자. 이것의 목적은 우리가 제공한 노력보다 초과해서 수확을 거두기 위해서다.

많은 사람이 아무것도 하지 않고 혹은 별로 힘들이지도 않고 어떤 큰 대가를 얻으려고 애쓴다면 그들은 이 위대한 법칙을 전혀 알지 못한다고 말할 수 있다. 만약 보수를 받는 것만큼만 일한다면 일상적인 것을 뛰어넘는 호의적인 평가가 나올 수 없다. 그러나 보수보다 더 많은 일을 기꺼이 하는 사람에게는 타인의 호의적인 관심이 집중되어 더 많은 대가를 얻을 수 있다.

수확체증의 법칙이 작용하여 얻는 명성이 그에게 유리하게 형성되며 그런 명성 때문에 그의 서비스를 원하는 요구가 여기저기에서 일어난다. 이렇게 수확체증의 법칙은 인간관계를 포함한 거의 모든 일에 작용한다.

마셜 필드는 아마 당대에 가장 뛰어난 상인이었을 것이다. 시카고에 있는 거대한 필드 상점은 수확체증의 법칙을 적용할 수 있었던 그의 능력에 대한 기념비처럼 오늘날까지도 남아있다.

한 고객이 필드 상점에서 값비싼 부인용 레이스 조끼를 샀지만 거의 입지 않았다. 2년 후 그녀는 그것을 조카에게 결혼선물로 주었다. 2년이나 지나 이미 유행에 뒤떨어져서 조카는 필드 상점을 찾아가서 조끼를 다른 품목과 교환해 달라고 요청했다. 필드 상점은 단 한마디의 불평도 하지 않고 처음 구매한 가격으로 환불해주었다.

그 조끼는 2년 전에 50달러에 판 물건이지만 지금은 할인 매장에서 아주 싼 값으로 판매할 상품이 분명했다. 물론 필드 상점이 2년이나 지난 물건을 교환해 줄 법률상 의무는 없었다. 그러나 그 사실 때문에 교환은 중요한 의미를 지닌다.

인간의 본성을 날카롭게 파악하는 사람이라면 필드 상점은 이 교환으로 아무것도 손해 보지 않았을 뿐 아니라 오히려 계산 할 수도 없는 엄청난 이익을 실제로 얻었다는 것을 이해할 수 있을 것이다.

조끼를 들고 필드 상점을 찾아간 여성은 사실 처음에는 교환 가능성을 기대하지 않았을 것이다. 그럼에도 상점이 교환을 해주었을 때, 그녀는 이미 상점의 고정고객으로 변했을 것이다. 교환의 효과는 거기에서 끝나지 않는다. 그것은 단지 시작이었을 뿐이다.

왜냐하면 그녀는 필드 상점에서 자기가 받은 '정당한 대우'의 소문을 여기저기에 퍼뜨리기 때문이다. 아마 그것은 두고두고 그녀의 화젯거리가 될 것이며 필드 상점은 조끼 가격의 10배 이상을 내더라도 그만한 광고 수단을 찾아내기 어려울 것이다.

이런 필드 상점의 성공은 수확체증의 법칙을 마셜 필드가 알고 있었기 때문이다. 이 법칙을 잘 이해한 그는 사업정책의 하나로 '고객은 항상 옳다'는 슬로건을 채택했다.

캐럴 다운즈는 자동차 제조업자인 듀란트 밑에서 처음에는 사소한 업무를 맡았다. 그러나 지금은 듀란트의 오른팔이 되었으며 그의 자동차 판매 회사 중 한 회사의 사장이 되었다. 다운즈는 오로지 수확체증의 법칙을 활용하여 스스로 그런 높은 지위에 올랐다.

그는 그가 받는 보수보다 더 많은 일을 해서 수확체증의 법칙이 작용하게 만들었다. 어떻게 그렇게 빨리 승진할 수 있었느냐는 질문에 그는 간략하게 이야기를 들려주었다.

"제가 처음 듀란트 씨 밑에서 일하기 시작했을 때 듀란트 씨가 모든 직원이 퇴근하고 난 후에도 오랫동안 사무실에 남아 있다는 사실을 발견했습니다. 그래서 저도 늦게까지 사무실에 남았습니다. 아무도 제게 그렇게 하라고 시키지 않았지만 누군가는 남아서 듀란트 씨가 요구할지도 모르는 어떤 일을 해야만 한다고 느꼈습니다.

그는 종종 서류철을 찾거나 어떤 사소한 일을 시키기 위해 주위를 둘러보곤 했는데 그때마다 제가 남아서 그의 일을 거들어 줄 준비가 되어 있다는 것을 발견했습니다.

듀란트 씨는 이제는 언제나 저를 찾는 습관이 생겼습니다."

위 이야기에는 많은 의미가 담겨 있다. 어째서 듀란트는 다운즈를 찾는 습관이 생긴 것일까? 듀란트가 무언가를 찾을 때 항상 다운즈가 그의 눈에 띄었기 때문이다. 그는 고의적으로 듀란트의 눈에 들도록 노력했고 그 결과 수학체증의 법칙을 듀란트에게 심어주면서 일을 도와줄 수 있었다. 그 결과는 앞에서 이미 설명했다.

그런 일을 하라고 누가 그에게 시켰는가? 아니다!

그런 일을 하여 보상을 받았는가? 그렇다!

4. Decide 적절한 대응책을 결정하라

다운즈는 영리하게도 자기를 승진시켜 줄 수 있는 권력을 지닌 사람의 관심을 끌 기회를 잡아 보상을 받은 것이다.

잠깐만! '그러나 우리 사장은 그런 너그러운 사람이 아니야'라며 반문할 의향이 조금이라도 있다면 그런 말을 입 밖에 내지 마라.

물론 사람은 여러 가지 면에서 서로 다르다. 그러나 한 가지만은 비슷하다. 사람은 다소 차이는 있지만 모두 이기적이다. 만일 당신의 판단력이 뛰어나서 당신의 서비스를 필요로 하는 사람이 당신 없이는 아무 것도 할 수 없을 정도가 되면 그 이기심은 바로 당신의 자산이 된다.

자기를 속이는 것은 자신뿐이다

| 위의 이야기에서 다운즈가 근무시간까지 사무실에 남아 있는 것은 그의 의무지만 근무시간이 지나고 다른 직원이 모두 퇴근한 후에도 자리를 지키고 있었던 것은 그의 선택이다. 그는 영리하게도 그 선택을 적절히 활용하여 더욱 책임 높은 자리로 올라갈 수 있었고 전보다 훨씬 더 많은 임금을 받을 수 있었다.

위의 예를 통해 보수 없이 매일 1시간씩 다른 사람을 위해 추가근무를 하여 얻은 이익이 보수만큼 의무적으로 일을 한 정규 근무시간의 이익보

다 훨씬 크다는 것을 알았다.

그런데 당신이 제공하는 모든 서비스에서 어떤 물질적 보상을 받지 못하면 속았다는 감정이 생길 수 있다. 그런 감정은 인간의 본성으로 곧잘 다음과 같은 표현으로 나타난다.

"이 일을 해봐야 내게 돌아오는 이익이 아무것도 없다. 그러니 만일 내가 그것을 열심히 한다면 난 바보 취급을 받을 것이 틀림없어."

이 같은 형태의 감정을 당신도 잘 알 것이다. 또 이런 종류의 감정을 여러 번 겪었을 것이다. 그러나 성공하는 사람은 다르다. 성공이란 만유인력의 법칙처럼 불변의 법칙을 이해하고 적용해야만 획득할 수 있다. 성공은 들소를 잡듯 코너로 몰아서 잡을 수 있는 것이 아니다.

이런 이유로 당신에게 한 실험을 추천한다. 이 실험을 통해 당신은 가장 중요한 법칙의 하나인 수확체증의 법칙과 친숙해질 수 있을 것이다.

실험은 이렇게 한다

앞으로 6개월간 하루에 최소한 한 사람에게 유익한 서비스를 베풀어라. 다만, 절대로 금전적인 보상을 기대하지도 말고 받지도 말아야 한다. 영원한 성공을 획득하기 위한 가장 강력한 법칙을 발견할 수 있다는 신념으로 실험해라. 결코, 실망하지 않을 것이다.

서비스를 베푸는 방법은 매우 다양하다. 예를 들면 개인적으로 한 사람 혹은 몇 사람의 특정인물에게 서비스를 베풀 수도 있으며 혹은 근무시간이 지난 다음에 고용주를 위해 특별히 일할 수도 있다. 혹은 다시 만날 것이라는 기대가 없는 낯선 사람에게도 서비스를 베풀 수 있다.

누구에게 베푸느냐는 별로 중요하지 않으며 열성적으로 오직 다른 사람을 도와준다는 목적으로 하면 된다. 적절한 마음의 태도로 실험하면 실험의 기반이 되는 법칙을 잘 아는 사람들이 발견한 진리를 찾을 수 있다. 서비스를 제공하지 않으면 보상이 없고 서비스를 제공하는 한 반드시 보상이 따른다.

"원인과 결과, 수단과 목적, 씨앗과 과실 이것들은 서로 분리할 수 없다"고 에머슨은 말한다. 원인 속에서 결과가 피기 시작하고 수단 속에는 목적이 내재해 있으며 씨앗 속에는 이미 과실이 정해져 있기 때문이다.

비록 고마움을 모르는 사장이라도 계속해서 그에게 서비스하라. 최소한 신은 당신의 서비스를 알고 있다. 당신의 모든 행동은 그대로 보상받을 것이다. 보상받는 기간이 길어지면 길어질수록 더욱 유리해질 것이다. 아직 결제하지 않은 대금은 복리에 복리의 비율로 늘어나기 때문이다.

“일하라, 그러면 힘을 얻을 것이다.” 이것이 자연의 법칙이다. 그러니 일을 하지 않는 사람은 힘을 얻을 수 없다.

이 실험을 하기 전에 에머슨의 보상에 관한 수필을 꼭 읽어보아라. 그러면 왜 실험해야 하는지 깊은 이해를 얻을 수 있다. 그는 책에서 다음과 같이 말한다.

“인간은 언제나 속을지도 모른다는 바보 같은 선입견 때문에 평생 고통 받으며 지낸다. 그러나 정작 자신을 속이는 것은 자신뿐이며 존재하는 사물이 동시에 존재하는 것처럼 다른 사람한테 속는 것은 불가능한 일이다.

자신과의 모든 흥정에서 제삼자는 침묵을 지키고 있을 뿐이다. 자연과 사물의 법칙은 모든 계약을 충실하게 이행하고 있으므로 정직한 봉사는 손실이 있을 수 없다.”

거의 50줄에 들어선 한 여성이 주급 150달러를 받고 속기사로 일하고 있었다. 보수로 보아 그녀가 그 분야에서 높은 재능을 가졌다고는 볼 수 없다. 그런데 큰 변화가 일어났다. 지난해에 이 여성은 강연료로 10만 달러가 조금 넘는 액수를 받았다. 두 가지 보수(속기사 주급과 강연료)의 이토록 큰 차이는 어디에 있을까?

그녀는 지금 전국에 널리 알려진 유명인사가 되었다. 특히 응용심리학

4. Decide 적절한 대응책을 결정하라

에 관한 유능한 강연자로 알려졌다. 그녀의 습관을 보면 그녀가 수확체증 법칙을 몸소 실천하고 있었다는 사실을 알 수 있다.

그녀가 어떻게 수확체증의 법칙을 활용하였는지 알아보자. 그녀는 어느 도시에 가든 15개 정도의 강연을 무료로 한다. 참석하고 싶은 사람은 누구라도 돈을 내지 않고 참석한다. 15개의 강연을 하는 동안 그녀는 청중에게 '자기를 판매할 수 있는' 기회를 가진다.

무료강연의 마지막에 1인당 25달러의 요금을 내야 하는 유료강연 소식을 청중에게 알려준다. 그녀가 하는 일이란 그것이 전부다!

그녀는 이런 방법으로 어느 정도 재산을 모았지만 그녀보다 유능한 수많은 강연자는 강연으로 생활비조차 벌기 어려운 실정이다. 그들은 많은 수입의 기본 원칙인 수확체증의 법칙의 기본철학을 잘 모르기 때문이다.

아스토리아 호텔
최초의 지배인

우리의 인생은 기본적으로 두 단계로 나뉜다. 하나는 지식을 습득하고 분류하고 조직하면서 지내는 단계이며 다른 하나는 보상을 얻기 위해 투쟁하는 단계다. 우리는 우선 배워야 한다. 배움을 위해서는 직업에 쏟는 노력보다 더 많은 노력을 해야 한다.

그러나 다른 사람에게 유용한 서비스를 제공할 수 있을 만큼 충분히 배웠다고 해도 우리가 그런 능력을 지니고 있는 것을 다른 사람에게 이해시키는 문제에 봉착한다. 그 과정에서 보수로 받는 것보다 더 많은 일을 해야 할 필요성을 깨달을 수도 있다.

우리가 서비스를 기꺼이 제공해야만 하는 가장 중요한 이유 중 하나는 우리가 그렇게 할 때마다 우리 능력을 다른 사람에게 보여줄 수 있는 기회를 잡을 수 있기 때문이다.

기회를 잡으면 '우선 내게 줄 보수의 금액을 말해 보시오. 그러면 내가 어떤 일을 할 수 있는지 보여 드리리다'라고 말하는 대신 '우선 내가 무슨 일을 할 수 있는지 보여 드리지요. 그런 다음 내가 하는 일이 마음에 드시면 보수의 수준을 말씀드리겠습니다'라고 말해야 한다. 이런 자세로 매사를 대하면 보상으로 큰 대가를 받을 수 있다.

여러 해 전 심한 폭풍우가 치던 날 밤 노인 부부가 호텔 로비로 들어와서 방이 있느냐고 물었다. 호텔 직원은 이렇게 말했다.

"죄송합니다. 방이 다 찼는데요. 보통은 이런 때 다른 호텔을 소개해 드리지만 이런 날씨에 다시 밖으로 나가시게 할 수는 없겠군요."

그리고는 미소를 지으며 이런 제안을 했다.

"제 방에 머무시는 것이 어떻겠습니까? 호화스럽지는 않지만 깨끗한 방입니다. 저는 사무실에서 끝내야 할 일이 있거든요."

고상해 보이는 부부는 직원에게 폐를 끼치는 것에 불편을 느꼈지만 그의 제안을 고맙게 받아들였다. 다음 날 아침 노신사가 호텔 요금을 내려고 하자 직원은 이렇게 말했다.

"아, 저는 이곳에 살고 있기 때문에 그 방의 요금을 받을 수 없습니다. 개의치 마십시오."

노신사는 고개를 끄덕이고는 직원에게 말했다.

"자네는 모든 호텔 소유자들이 고용인으로 원할 만한 사람이군. 그래, 언젠가 내가 자네를 위해 호텔을 하나 짓겠네."

호텔 직원은 기뻤지만 너무나도 터무니없는 말로 들려 노신사의 농담이라고 생각했다. 몇 년이 지나고 호텔 직원은 여전히 같은 직장에서 일하고 있었다. 어느 날 그는 이전의 노신사로부터 한 통의 편지를 받았다.

편지에는 폭풍우가 치던 날 밤의 일이 상세하게 쓰여 있었고 뉴욕으로 초청하는 초청장과 함께 비행기의 왕복 티켓이 들어 있었다. 며칠 후 맨해튼에 도착한 그는 장대한 새 건물이 세워져 있는 5번가와 34번 도로의 코너에서 노신사를 만났다.

"자, 이것이 내가 자네를 위해 지은 앞으로 자네가 경영할 호텔이라네. 그날 밤 내가 말하지 않았던가, 내 말이 지나가는 농담이 아니었다는 것을 이제 알겠지."

이게 웬 횡재인가? 하고 젊은 직원은 어안이 벙벙했다.

"어째서 나를 택하셨지요? 그런데 도대체 당신은 누구십니까?"

"내 이름은 월도프 아스토리아라네. 그리고 이건 횡재가 아니야, 자네는 충분한 자격이 있네, 자! 어떤가? 지금부터는 자네가 바로 날 위해 일해 줬으면 하네."

그 호텔은 바로 최초의 월도프 아스토리아 호텔이고 최초의 지배인이 되었던 젊은 직원의 이름은 조지 C. 볼트다.

기차가 플랫폼을 떠난 후에

| 한 여자가 대학을 졸업한 후 아주 먼 도시로 떠나게 되었다. 떠나는 날 남몰래 그녀를 짝사랑하던 남학생 네 명이 함께 그녀를 배웅했다.

여자는 이제 이곳을 떠나면 친구들과의 인연도 끝이라는 것을 알고 있었나. 기차가 막 떠나려고 할 때 남자들은 무슨 말인가 하고 싶은 표정이었다. 여자가 웃으며 물었다.

"내가 떠나는 게 싫어? 정말 싫으면 나랑 함께 가자!"

우울한 표정을 짓고 있던 남자들은 순간 어떻게 해야 할지 판단을 내리지 못했다. 기차 문이 막 닫히려 할 때 그 중 한 남자가 기차로 뛰어올라 여자 앞으로 달려가서 그녀를 품에 꼭 껴안았다. 여자는 남자의 어깨에 얼굴을 묻었다. 남자의 옷깃이 그녀의 눈물로 촉촉이 젖어들었다.

플랫폼에 있던 남자 셋은 어안이 벙벙하여 아무 말도 하지 못했다. 기차는 소리를 내며 플랫폼을 빠져나가기 시작했다.

일 년 후, 다른 도시에서 여자는 그 남자와 결혼식을 올렸다. 결혼식에 참석한 남자 셋이 여자에게 물었다.

"언제 저 친구와 결혼하기로 결정했어?"

"위험을 무릅쓰고 기차에 뛰어오른 순간에."

대답과 동시에 여자가 되물었다.

"그때 너희는 왜 나랑 같이 떠나지 않았어?"

"난 네가 농담하는 줄 알았어."

한 남자가 말했다.

"그땐 마음에 준비가 되어 있지 않았어."

또 다른 남자가 말했다.

"난 시간이 많으니까 장기적인 계획을 세워야겠다고 생각했어."

세 번째 남자가 말했다.

각자 나름의 이유가 있었다. 하지만 당시 '떠나는' 기차는 개인의 사정을 봐주면서 멈추지 않았다. 기차에 타고 있던 여자는 바로 '기회'다. 여

자를 차지하기 위해서는 진실한 사랑과 민첩한 행동, 결단력, 위험도 불
사하는 용기, 그 중 어느 것도 모자라면 안 된다.

떠나가는 기차는 결코 남자들이 말한 갖가지 이유 때문에 멈추지 않는
다. 여자의 마음을 사로잡은 사람은 단 하나, 용기를 내어 모든 것을 돌아
보지 않고 기차에 뛰어오른 남자였다.

당신의 이물질은 무엇입니까?

《성공의 법칙(The New Psycho-Cybernetic)》이라는 책으로 널리 알려진 맥스웰 몰츠 박사는 세계에서 유명한 성형외과 의사 중 한 사람이다. 그는 인간의 성격 변화에 관해 오래 연구했다. 특히 성형수술을 통해 상처나 추함을 치료한 후 환자의 성격변화를 깊이 연구했다.

자존심과 자신감이 없는 것은 추한 외모 때문이라고 생각했던 많은 환자가 수술을 받은 후 자부심을 갖고 행복해 하며 자신에 찬 사람으로 변하기도 했지만 한편에서는 자기가 원하던 성형수술을 받은 후에도 예전처럼 열등의식과 증오심과 패배감에 젖어있기도 했다.

몰츠 박사는 '환자들의 외모 변화'는 그들에게 아무것도 아니라고 결론을 내렸다. 인간으로서 자신의 느낌 또는 이미지가 나약해서 문제가 생긴다고 결론 내리고 그는 이런 연구를 바탕으로 여러 가지 책을 출간했다.

그중에는《오늘을 위한 창조적인 삶(Creative Living for Today)》이라는 책이 있다. 이번 특강에서는 이 책에서 말하는 생활을 건전하게 이끌어 가는 방법의 이해에 관해서 이야기할 것이다. 이 강의가 자신에 관한 일방적인 편견이 마음속에 자리 잡지 못하도록 하는데 도움을 줄 것이다.

"부정적인 태도가 깊이 뿌리박히면 우리 문화에 영향을 미친다. 그리고 매일 당신이 만나는 사람이나 알고 있는 사람도 당신을 그런 태도에 더 빠지게 할 수도 있다. 자신의 틀에 박힌 굴욕적인 자세를 갖지 않도록 노력해야 한다."

자기 생각, 이미지, 자아개념은 가장 소중한 자산이다. 그 소중한 자산을 어떻게 지켜나갈 것인지 몰츠 박사가 하는 말을 유의해서 들을 필요가 있다.

만일 여러분이 부정적인 감정을 극복하는 방법을 배우고 마음의 싸움에서 승리하며 형성된 이미지는 여러분을 창조적인 삶으로 인도할 것입니다. 저는 수많은 사람의 흉터를 수술하였습니다. 수술 후에 많은 환자가 그들 마음속에 자리 잡은 육체적인 결점을 다른 무가치한 믿음으로 바꾸는 경우를 봤습니다. 무가치한 믿음은 그들의 열등의식을 더욱 굳건하게 만들 뿐입니다. 그들의 부정적인 믿음은 다양합니다. 실패에 관한 그들의 처신은 일률적일 때가 많습니다. 혹시 여러분은 스스로에 관한 부정적이고 거짓된 믿음이 본인에게는 없다고 생각하십니까? 그것은 다른 사람의 어리석고 우둔한 일이지 자기 일은 아니라고 생각하십니까? 그렇게 생각하십니까? 그렇다면 이야기 하나를 들려드리겠습니다.

여러 해 전이었습니다. 제가 성형외과 의사로 막 개업을 한 직후에 키가 큰 한 흑인 남성이 방문했습니다. 키가 180센티미터가 넘는 그는 보기에도 훤칠했습니다. 그는 자신의 입술에 불만이 많았습니다. 그를 진찰했습니다. 진찰 결과 그의 아랫입술이 약간 튀어나와 있었습니다. 그렇지만 다른 걱정할 만한 것은 전혀 없다고 말했습니다.

남성은 여자친구의 생각이 문제라고 말했습니다. 여자친구는 그가 입술이 튀어나와서 사람들 앞에서 그와 함께 있는 것이 창피하다고 말했다고 합니다. 저는 그가 키도 크고 생각도 건전하므로 그에게는 결코 비난할 점이 없다고 말했습니다. 그런데도 그는 여전히 입술 수술을 받기를 원했습니다. 그래서 저는 수술비용이 비싸면 포기할 거라고 생각해서 8백만 원 정도가 들 것이라고 말했습니다. 그러자 그는 그런 큰돈은 마련할 수 없다면서 제게 고마움을 표시하며 한층 밝아진 기분으로 인사를 하고 떠났습니다.

그러나 다음 날 아침 그는 손에 작고 검은 가방을 들고 다시 왔습니다. 그는 가방 속에 있는 것을 책상 위에 쏟아 놓았습니다. 채권이 쏟아져 나왔습니다. 채권은 딱 수술비용만큼의 가치였습니다. 그에겐 생명보험 같은 것이었습니다. 채권으로 수술비를 내놓으면서 정중하게 다시 입술 수술을 부탁했습니다. 저는 깜짝 놀라면서도 서글픈 마음이 들었습니다.

그에게서 그런 큰돈을 받을 수는 없었습니다. 저는 그에게 굳이 할 필요가 없는 수술을 단념시키기 위해서 그렇게 큰 비용을 요구한 것이라고 솔직히 말했습니다. 그러나 그는 성형수술을 간곡히 원하며 수술해주지 않는다면 다른 의사에게 가겠다고 말했습니다. 그래서 저는 그에게 적은 비용으로 수술해 주겠다고 승낙했습니다.

그러면서 그의 사랑하는 여자 친구에게는 수술비용으로 8백만 원이 들었다고 말할 것을 다

4. Decide 적절한 대응책을 결정하라

짐받았습니다. 수술은 아주 간단했습니다. 부분마취를 한 후, 입 안쪽으로 불필요한 조직을 제거했습니다. 그리고 상처 주위를 깨끗한 실로 꿰맨 후 바깥 입술에 거즈를 붙였습니다. 30분도 안 되어 수술은 끝났습니다. 그 뒤로도 그는 몇 번 치료를 받기 위해 방문했고 나는 거즈를 갈아주었습니다. 1주일 후에 마지막으로 거즈를 떼어냈습니다. 수술의 결과가 아주 좋아서 어떤 흠도 보이지 않았습니다. 그는 입술에 만족했습니다. 내 손을 굳게 잡고 몇 번이고 고마워했습니다. 당당한 모습으로 병원을 나갔습니다.

몇 주가 지나자 그는 다시 저를 찾아왔습니다. 그러나 저는 그를 거의 알아볼 수가 없었습니다. 그는 눈에 띌 만큼 몸이 야위었고 손도 예전의 모습이 아니었으며 목소리 역시 힘없이 울먹였습니다. 저는 그에게 무슨 일이 있었느냐고 물었습니다.

"선생님, 이물질이 생겼어요. 그것이 저를 파멸로 이끌고 있어요."

그는 제게 고민을 털어놓았습니다. 그의 입술에서 붕대를 떼고 난 후 그의 여자 친구를 보러 갔습니다. 그녀는 수술한 입술을 이야기하면서 그에게 얼마나 비용이 들었는지 물었습니다. 그는 제가 말한 대로 '8백만 원'이 들었다고 했는데 그때 그녀의 태도가 싹 달라졌다고 합니다. 그녀는 몹시 화가 나서 그 8백만 원이 자기의 것이 될 수도 있었다며 큰돈을 썼다고 저주를 퍼부으며 말하기를 당신은 곧 죽을 것이라고 했답니다.

이 말을 듣고 그는 깊은 고민에 빠졌습니다. 그는 방으로 들어가서 나흘 동안 꼼짝 않고 있었습니다. 그리고 그녀가 말한 저주를 생각했습니다. 그는 교육을 받은 전망 있는 청년이었습니다. 그럼에도 그녀의 이야기에 완전히 사로잡혔습니다.

그때 마침 혀로 입술을 축이자 입 안쪽에 뭔가가 걸리는 것 같았답니다. 집주인이 그가 먹지도 않고 방에 틀어박혀 있는 것을 걱정한 나머지 의사를 불러 진찰했습니다. 그는 의사에게 입 안의 이상한 것에 관해서 말했습니다. 의사가 입속에 손을 넣어서 진찰했습니다.

"이상한 이물질이 당신의 걱정이군요. 이물질은 바로 당신 입 안쪽에 있는데 그것은 저주 때문이에요." 이 말을 들은 그는 두려움에 숨도 제대로 못 쉬면서 손으로 얼굴을 가렸습니다.

"정말 당신 입속에 이상한 것이 있습니까?" 나는 청년에게 물었습니다.

"예, 선생님!"

그에게 '이물질'을 물약이나 연고 등으로 치료할 수 있다고 말했습니다. 그러나 오히려 역효과였습니다. 어느 것도 '그의 결점'을 치료하지 못했습니다. 그는 오직 이물질만 생각할 뿐이었습니다. 이물질에 대한 두려움 때문에 밤새도록 잠을 이루지 못했다고했습니다.

"여기 만져지는 것이 그것입니까?" 그가 머리를 끄덕였습니다.

"내가 이물질을 제거할까요?"

"예 그렇게 해주세요. 선생님, 고맙습니다."

주사기에 마취제를 넣어 입술을 마취했습니다. 마취 후 메스와 핀셋으로 이물질을 제거했습니다. 시간은 몇 초밖에 걸리지 않았습니다. 그에게 거즈 위에 놓인 문제의 '이물질'을 보여주었습니다. 그것은 쌀알 정도의 크기였습니다. 그는 믿을 수 없다는 듯이 바라보았습니다. 이물질은 수술 후 실밥을 꿰맨 자리에 생긴 것이었습니다.

"그 외의 별다른 흠은 없었나요?"

저는 미소를 지었고 그는 가만히 서 있었습니다. 그 순간 새 힘을 얻은 것처럼 보였습니다. 자신에 찬 미소가 얼굴에 가득했습니다. 그가 진지하게 감사하는 목소리는 힘에 차 있었습니다. 이렇게 그는 좋은 결과를 얻었습니다. 그리고 얼마 뒤 그에게서 편지가 왔습니다. 편지에서 그는 결혼한 부인과 함께 찍은 스냅 사진을 동봉하면서 안부를 전했습니다. 사진 속에서 미소 짓고 있는 30대의 멋있는 청년의 모습으로 사랑스러운 딸과 함께 서 있었습니다.

이 이야기는 중요한 것을 알려줍니다. 젊은이는 키도 크고 건장하고 많이 배운 지성인이었습니다. 하지만 하찮은 잘못된 믿음이 그를 파멸로 이끌뻔 했습니다. 이물질에 관한 그의 고민은 "나에게도 이런 일이 일어날 수 있을까?"라고 반문할 수 있을 만큼 하찮습니다.

사실 우리는 모두 우리만의 이물질, 즉 결점을 가지고 있습니다. 여러분은 있지도 않은 어떤 재난을 걱정하면서 오랜 기간을 번민으로 보내지 않습니까? 당신은 너무 이야기를 많이 하거나 일관성 없이 이야기한 것 때문에 계속 자신을 자책하고 있습니까? 자기 비난이 너무 심해서 대화에 자신이 없습니까? 당신은 돈 문제로 지나치게 걱정하고 있습니까? 다른 사람의 저축계정을 보고 위축되어 지출을 걱정하며 심한 소화불량에 사로잡혀 있지는 않습니까? 그렇다면 당신에게도 이물질이 있습니다.

이 모든 이물질은 들추어서 있는 그대로 바라볼 필요가 있습니다. 마음의 이물질은 부정적인 믿음인 경우가 많습니다. 믿음은 인간으로서의 존재가치를 낮추고 우리의 자화상을 흐리게 하며 우리의 바람직한 기대에 부응하는 행복으로의 염원을 파괴합니다.

앞의 청년처럼 많은 사람들이 제거해야 할 하찮은 이물질에 사로잡혀 실패하곤 합니다. 그러므로 우리는 이물질, 즉 부정적인 믿음을 없애기 위해 부단하게 노력할 필요가 있습니다.

　어떤 일에서 실패와 성공을 가르는 선은 어디서부터 시작할까? 막연히 꿈을 갖는 일도 좋지만 생생하고 구체적인 꿈을 갖는 일은 훨씬 더 중요하다. 그리고 꿈의 실현을 위한 실천 방안을 세워놓았다면 금상첨화다. 그러나 이 모든 것이 준비되었다해도 이것을 행동으로 옮기지 않는다면 탁상공론에 불과하다.

　중요한 일을 다음으로 미루는 것은 실패하는 사람의 특징 중 하나다. 그들은 '나중에', '내일', '언젠가'라는 단어를 입에 달고 다닌다. '지금은 내키지 않으니까 나중에 하자.' '오늘은 바쁘니까 내일 하자'라고 하면서 지금은 때가 아니라며 실천을 미룬다. 그러면서 새해의 첫날이나 생일 혹은 결혼기념일부터 시작하겠다고 다짐한다. 그러나 경험으로 알고 있듯이 새로운 시작을 위한 완벽한 타이밍은 없다.

　새해 첫날에 수호천사가 내려오는 것도 아니고 생일에 마법 같은 일이 일어나는 것도 아니다. 담배를 끊기에 가장 좋은 날은 없다. 공부를 시작하기에 가장 좋은 시간도 없다. 바꿔 말하면 실천하기 가장 좋은 날은 '오늘'이고 실행하기 가장 좋은 시간은 바로 '지금'이다.

　그래서 어떤 특별한 날부터 금연하겠다고 생각하지 말고 오늘, 지금 당장 금연을 시작해서 오늘을 특별한 날로 만드는 게 낫다.

　시간은 실패와 실망의 상처를 치료해 주고 오류를 바로 잡으며 실수를 원상복귀 하는 훌륭한 일꾼이다. 단, 시간은 일단 결정한 후에는 행동하는 사람에게만 혜택을 준다고 했다. 그러므로 결정을 내린 후 멈칫거리거나 뒤돌아서지 않고 야망을 갖고 행동할 수 있다면 그는 운이 좋은 사람이다.

　기억하라! 삶에서 가장 파괴적인 단어는 '나중'이고 인생에서 가장 생산적인 단어는 '지금'이다. 어떤 결심을 행동으로 옮기기에 지금보다 좋은 때는 없다.

5

–

Act
행동에 대해서만 보상한다

방아쇠를 당겨야 하는 적절한 시기

인생의 법칙에는 의도, 통찰력, 지혜, 이해가 아닌 오로지 '행동'에 대해서만 보상해 준다는 특징이 있다. 성공한 사람과 실패한 사람의 차이점은 성공한 사람은 실패한 사람이 하기 싫어하는 일을 한다는 것이다. 여기서 '한다'는 단어를 주목할 필요가 있다.

성공하는 사람은 목적의식을 갖고 의미 있는 행동을 한다. 그들은 생각만 하지 않으며 또한 자신을 죽음으로 몰고 가는 계획을 세우지도 않는다. 무엇을 할지 결정하는데 탁상공론으로 시간을 낭비하지도 않는다. 방아쇠를 당겨야 하는 시기를 잘 파악한다.

당연하지만 진정으로 원하는 것을 얻기 위해서는 '행동'을 해야 한다. 필요한 행동을 해야 할 때 대개의 경우 힘들고 가난하고 불행하게 사는 사람은 '내일 하겠다'고 말한다. 하지만 현재 행복을 느끼고 성공한 사람은 '지금 한다'고 말한다. '내일'과 '나중'은 패자의 단어이고 '오늘'과 '지금'은 승자의 단어인 셈이다.

다른 사람보다 더 많은 성과를 내고 더 빨리 승진하고 더 많은 소득을 올리는 사람의 핵심 자질은 무엇일까? 바로 결심을 곧바로 행동에 옮기는 행동 지향성이다. 신중하게 결정하고 과감하게 방아쇠를 당겨야 한다. 행동이 따르지 않는 생각은 세상의 관심을 끌지 못한다.

어떤 상황에서든 당신이 다른 사람에게서 받는 반응과 결과는 바로 당신이 제공한 자극으로부터 유발된 것이다. 이것은 사람들이 당신을 알 수 있는 유일한 방법이고 당신에게 어떤 보답을 해야 할지를 결정하는 요인이다.

행동하지 않으면 얻을 수 없다는 것은 의심의 여지가 없다. 그리고 지금까지의 인생 법칙에서 배운 지식을 잘 활용해서 행동에 옮기는 것이 당신에게 주어진 몫이다. 어떤 행동을 선택하든 그것은 당신의 몫이고 그 선택은 다른 사람들의 것과는 다를 것이다.

옛 속담에 '임종을 눈앞에 두고 일을 더 많이 해야 했는데 하며 후회하는 사람은 없다'는 말이 있다. 나도 전적으로 동의한다. 우리는 모두 무엇이 중요한지를 잘 알고 있다. 하지만 중요한 것을 먼저 실천하지 않고 매

5. Act 행동에 대해서만 보상한다

일 코앞에 닥친 일에 허덕이느라 '해야 하는데…'라고 생각만 하고 미룰 것인가?

방아쇠를 당겨라. 지식을 쌓고 이제까지와는 다른 행동을 시작해라. 인생은 내가 이끄는 대로 간다. 행동이 달라지기 시작하면 그것이 운동이든, 속에 넣어 두었던 감정을 밖으로 내뱉는 것이든, 다시 학교로 돌아가는 것이든, 기도를 하는 것이든, 아니면 새로운 일을 구하는 것이든, 당신의 행동에 추진력이 붙는다.

'호랑이를 잡으려면 호랑이 굴에 들어가야 한다'는 속담이 오랫동안 회자되는 것은 그것이 진실이기 때문이다. 이제는 당신의 인생에 행동을 추가해야 할 때다.

하나의 행동은 수많은 말보다 크다

1970년대를 배경으로 한 '허드슨 강의 모스크바(Moscow on the Hudson)'는 뉴욕을 방문했던 한 러시아 서커스 단원의 망명을 다룬 영화다. 모스크바 서커스 밴드에서 색소폰을 연주하는 30대 초반의 블라디미르는 모스크바의 비좁고 허름한 아파트에서 부모와 함께 살고 있었다.

아나톨리는 블라디미르의 가장 절친한 친구로 항상 미국으로의 망명을 꿈꾸는 서커스의 어릿광대다. 아나톨리는 블라디미르에게 기회만 생기면 자기는 망명할 것이라고 입버릇처럼 말했다. 블라디미르 역시 자유를 꿈꾸지만 친구에게 망명의 현실에 주의를 줬다.

두 사람 모두 영어 실력도 형편없고 돈도 없었다. 그리고 러시아 비밀경찰이 항상 그들의 행동을 감시하고 있기 때문에 만약 이들의 망명 시도가 실패로 끝난다면 평생을 시베리아의 강제 수용소에서 보내야 한다.

그러던 어느 날 기회가 찾아왔다. 서커스단이 뉴욕의 매디슨 스퀘어 가든에서 공연하게 돼서 두 사람은 미국으로 갔다. 두 사람은 미국인이 누리는 부와 자유를 보고 망명 생각을 굳힌다. 이들이 탄 버스가 공항으로 가던 도중 메이시 백화점에서 쇼핑 때문에 10분 동안 정차를 하였다. 망명할 수 있는 절호의 기회가 생긴 것이다.

짧은 쇼핑을 마치고 러시아 비밀경찰이 사람들을 출구로 밀기 시작할 때 두 사람의 눈이 마주치고 아나톨리는 자신에게 등을 돌리고 있는 비밀경찰을 바라보고 백화점의 경비를 다시 바라본다. 행동의 시간이 왔다! 갑자기 블라디미르가 경비 쪽으로 달려가 경비를 안고 소리 지른다.

"망명합니다! 도와주세요! 망명합니다!"

러시아 비밀경찰이 블라디미르를 끌고 가려고 하지만 백화점 경비가 무전으로 경찰을 부른다. 소동이 가라앉은 후 비밀경찰이 블라디미르를

5. Act 행동에 대해서만 보상한다

간곡하게 설득하여 버스에 태우려는 모습이 나온다. 그러나 블라디미르는 단호히 거절한다. 미국에서 살겠다는 그의 꿈이 마침내 실현되었다.

카메라가 버스 안에서 진지한 얼굴로 밖에서 일어나는 광경을 쳐다보는 다른 서커스 단원들의 모습을 비춘다. 카메라가 이동하면서 우울한 표정을 차례대로 비추다가 유리창에 얼굴을 묻고 펑펑 눈물을 흘리고 있는 얼굴에서 정지한다. 바로 아나톨리다.

아나톨리는 절호의 기회가 찾아왔을 때 그 기회를 잡지 못했다. 그는 항상 말은 많았지만 기회가 왔을 때 말을 행동으로 옮길 용기가 없었던 것이다. 그러나 블라디미르는 말보다는 행동이 앞섰다.

두 사람의 꿈은 같았다. 미국에서 얻을 수 있는 자유를 누리자는 것이었다. 어찌 보면 아나톨리의 꿈이 블라디미르의 꿈보다도 컸을지도 모른다. 그러나 두 사람 중 한 명만 꿈을 이루었고 다른 한 명은 꿈을 이루지 못한 채 억압과 희망이 없는 세계로 다시 돌아갔다. 한 명은 행동할 용기를 지녔고 다른 한 명은 아니었기 때문이다.

이 안타까운 내용으로부터 우리가 배울 수 있는 교훈은 바로 실천하는 행동, 즉 용기를 내야 할 때 용기를 내고 행동해야 할 때 적절한 행동을 해야 한다는 것이다.

고대 그리스의 철학자 소포클레스는 '하늘은 스스로 행동하지 않는 자를 절대 돕지 않는다'고 했다. 성공의 열쇠는 지금이나 2천 년 전이나 똑

같다. 앞으로 2천 년 후에도 역시 마찬가지일 것이다. '행동은 말보다 크게 말한다'는 것은 맞는 말이다. 항상 그래 왔고 지금도 그렇고 앞으로도 그럴 것이다.

물리의 기본 원리 중에 '모든 작용에는 이와 동등한 반작용이 있다'라는 것이 있다. 실천하지 않으면 어떤 일도 발생하지 않는다는 사실은 너무나 당연하다. 행동을 취하지 않으면 아무 일도 일어나지 않는다는 것은 불변의 진리다. 그러나 유감스럽게도 세상의 많은 사람이 행동을 피하려고 시간과 노력을 허비하고 있다.

'즉시', '반드시', '될 때까지' 한다

| 일본의 유명회사인 일본 전산은 '즉시 한다', '반드시 한다', '될 때까지 한다'라는 간단한 세 가지 사항을 밑바탕으로 시골의 작은 기업에서 시작해 계열사 140개를 거느린 거대 그룹으로 성장했다. 이 세 가지의 요점은 '한다'이다.

광고 역사상 가장 뛰어난 캠페인 중 하나는 나이키의 'Just Do It!(그냥 해 버려)'이다. 1970년대 당시 세계적으로 가장 유명한 스포츠 신발 브랜드는 아디다스였다.

그런데 몇 명의 젊은이가 모여서 스포츠 신발 회사를 세워 아디다스에 도전했다. 주위 사람은 모두 가망이 없다고 말렸지만 그들 중 한 명이 그냥 해보자면서 'Just do it' 캠페인에 관한 의견을 내놓았다. 그들은 그것을 곧바로 행동으로 옮겼다.

이 캠페인으로 나이키의 시장점유율은 18퍼센트에서 43퍼센트로 껑충 뛰었다. 그 결과 나이키는 아디다스를 밀어내고 세계 제일의 스포츠 브랜드 회사가 되었다. 키워드는 역시 '해봐'이다.

지그 지글러는 비석에 '1942년에 출생하여 1964년에 사망해 1975년 매장되었다'라고 적어야 할 사람이 많다고 말했다. 행동을 중단한 날이 사망일이며 육체가 완전히 죽는 날이 매장일이다.

행동을 무시하는 사람은 고정 관념의 소유자일 가능성이 크다. 할까 말까 하는 반쪽의 마음이나 어떤 것을 하리라 하는 '예정의 사람'이 되지 말고, 할까 말까 하는 '행동의 후보자'가 되지 말며, 즉시 '행동하는 자'가 되어야한다. 지그 지글러는 행동하는 사람 2퍼센트가 행동하지 않는 사람 98퍼센트를 지배한다고 말한다.

세계적으로 영향력 있는 동기부여가 폴 마이어는 행동하는 사람 3퍼센트가 행동하지 않는 사람 97퍼센트를 지배한다고 말한다. 그는 또 '마음속 꿈틀거리는 운동을 행동화시켜 가속도를 지니게 해라. 그러면 성공할 것이다'라고 말한다. 그는 출발을 기관차에 비유하였다.

"최대급의 기관차라도 정지하고 있을 때는 여덟 개의 차바퀴 앞에 1인치 정도의 나무 조각만 놓아도 절대로 달릴 수 없다. 그러나 같은 기관차가 시속 10마일의 속력으로 달릴 때는 두께 5피트의 철근 콘크리트벽도 뚫을 수 있다. 행동하는 사람도 마찬가지다.

일단 전기를 일으키기만 하면 어떤 장애물이라도 충분히 뚫고 나갈 수 있다. 출발이 문제다. 인간의 가능성은 잠자고 있는 경우가 많다. 행동의 엔진에 시동을 걸어라. 그리고 출발하라."

목표는 있지만 행동으로 옮기지 않는 사람이 너무나 많다. 그들은 목표를 생각하며 자신과 목표 사이에 끝이 없어 보이는 계단을 멍하니 바라보기만 할 뿐 한 걸음씩 계단을 올라가려고 시도하지 않는다.

그들은 목표에 이르는 길을 바라보지만 길에 첫발을 내리지 않는다. 대신 머리를 긁적이거나 턱을 문지르며 '이런, 저 목표까진 너무 멀어', 혹은 '와! 정말 저 계단의 꼭대기까지 갔으면 좋겠어'라고 말한다.

중요한 것은 인생에서 성공하는 사람은 활동적이라는 것이다. 첫 계단이 보이면 발걸음을 내딛는다. 어디로 가는지를 항상 알고 있는 것은 아니지만 계속 걸어간다. 어느 정도 목표가 보이면 바로 다음 질문들을 자문한다.

"첫 단계를 밟았으니 다음은 무엇을 해야 하나? A에서 B까지 가면 어떤 결과가 생길까? 목표를 이루고 난 다음에 밟아야 하거나 밟고 싶은 단계는 무엇인가?"

당연한 이야기지만 성공의 계단을 제대로 오르기 위해서는 첫걸음을 잘 딛어야 한다. 그러나 첫 단계를 주저주저하며 밟지 못하는 사람들은 종종 이렇게 말한다.

"무르익은 적절한 때를 기다리는 것이죠."

안타깝게도 그런 느낌은 대부분 찾아오지 않는다. 당연한 이야기지만 신념이 생기기를 바라는 것은 그들에게 신념이 없기 때문이다. 신속하게 행동으로 옮겨서 전념하고 배우고 노력하고 희생하려는 불타는 열망이 가슴 속에 존재하지 않기 때문이다.

그래서 행동하지 않고 열망이 생기기를 기다린다고 말하는 사람에게 이렇게 간단히 대답하곤 한다.

"정말로 목표를 성취하고 싶은 마음이 없군요. 마음이 있다면 이미 느낌을 받았을 것이고 성취를 향한 노력을 시작해서 목표를 달성했을 테니까요. 별로 목표를 이루고 싶지 않은가 봐요."

행동을 주저하는 다른 요인으로는 완벽주의가 있는데 이는 정말 치명적이다. 주위를 둘러보면 의식적이든 아니든 단 하나의 실수도 용납하지 못하는 사람들이 너무나 많다. 그들은 완벽하지 않은 결과를 가져올 수 있는 행동을 하느니 아예 아무것도 하지 않는 것이 낫다고 생각한다.

그렇지만 세상의 일이라는 것은 스스로 뛰어들어 일에 착수하는 것이 앉아서 아무 일도 하지 않는 것보다 훨씬 나은 경우가 대부분이다. 행동이 비록 실패로 이어져도 일에 착수했다는 점에서 가치가 있다. 일단 생각이 행동으로 이어지면 탁상공론에서 벗어나서 경험의 실제적인 영역이 시작된다.

사람의 행동을 가로막는 원인 중 하나는 처음부터 대단하고 대담하고 무언가 결정적이면서도 멋진 시도를 해야 한다는 마음이다. 그러나 어떤 일이든 굉장한 결과는 대부분 작은 시도에서 출발한다. 또 실수를 하면 어쩌나 하는 두려움처럼 '모 아니면 도'라는 마음가짐은 나약하기 짝이 없는 잘못된 생각이다.

'천리 길도 한 걸음부터'라는 속담처럼 인생은 최소한의 행위도 직접적인 인과관계의 사슬 속에서 최상의 결과로 이어진다.

자! 이제 당신이 가지고 있는 위대한 가능성을 알고 목표도 분명히 정해졌으며 주의사항도 잘 알았으니 출발할 일만 남았다.

'바람과 함께 사라지다'의 사연

《바람과 함께 사라지다》라는 작품을 모르는 사람은 아마 없을 것이다. 이 작품은 19세기 후반에 일어난 미국의 남북 전쟁을 배경으로 쓴 장편 소설로 무명작가의 작품이지만 놀랍게도 출판 첫해에만 150만 부가 팔리는 경이적인 판매 기록을 세웠으며, 그 후 몇 년 동안 30여 개 국어로 번역되어 지금까지 2천만 부 이상 판매된 공전의 인기를 얻은 베스트셀러이다.

게다가 미국의 저명한 문학상인 퓰리처상까지 받았으며 뒤이어 비비안 리와 클라크 케이블이 주연을 맡아 영화로 만들어져 아카데미상 10개 부문을 휩쓴 불후의 명작이 되었다. 아마 많은 사람에게 좋은 추억으로 남아 있는 작품일 것이다.

그러나 이 작품이 세상에 나오기까지는 작가의 기막힌 사연과 눈물어린 집념이 있었다. 작가 마가렛 미첼이 천신만고 끝에 작품을 완성하여 여러 출판사를 찾았지만 무명작가의 작품을 받아 주겠다는 출판사는 한 곳도 없었다.

끈질기게 3년이나 출판사를 찾아다녔지만 많은 출판사가 외면했다. 그녀의 실망은 이만저만이 아니었다. 장장 10년이라는 세월에 걸친 피나는 노력과 공을 들인 작품이 빛도 못 보고 폐기된다니…, 도저히 단념할 수가 없었다.

그러던 어느 날 그녀는 막 출장길에 오르려는 맥밀런 출판사의 레이슨 편집장을 만났다. 그녀는 이때다 싶어 그를 붙들고 여행길에 꼭 한 번만 읽어 달라고 간청하며 '억지로' 원고 뭉치를 떠넘겼다. 그가 기차에 오른 것을 확인한 그녀는 뒤따라 자기도 기차에 올랐고 먼발치에서 그의 동정을 살폈다.

대륙횡단 철도란 10여 일 이상이 걸리는 장거리 여행길이다. 지루한 여행길에 심심풀이로 한번 쯤 읽어 볼 수도 있을 거라는 기대가 있었다. 그러나 애처롭게도 그녀의 기대는 빗나갔다.

레이슨 편집장은 며칠이 지나도 원고를 읽어볼 생각을 안 했다. 그도 그럴 것이 미첼의 강권에 못 이겨 마지못해 원고를 받아들긴 했지만 무명작가의 원고에 흥미가 있을 리 만무했다.

하지만 레이슨 편집장은 열차 객실에서 미첼로부터 소설을 꼭 한 번만 읽어 달라는 간절한 내용의 전보를 세 통이나 받았다. 두 번째 전보를 받았을 때만 해도 원고를 읽을 생각이 없었다. 그러나 세 번째 간곡한 전보를 받아 쥔 레이슨의 마음은 움직이기 시작했고 내려야 하는 역에 기차가 도착한 것도 모를 정도로 소설에 푹 빠져 버렸다.

방대한 장편 소설을 단숨에 읽듯이 독파한 레이슨은 자신이 지금 남북 전쟁의 소용돌이 속 한복판에 서 있는 착각마저 들게 하는 생생한 묘사

5. Act 행동에 대해서만 보상한다

에 매료되어 한동안 넋을 잃었다. '세상에 이렇게 훌륭한 작품을 몰라보고 있었다니'라고 자책하며 출판사에 돌아온 레이슨은 즉시 미첼의 소설을 출판했다.

이런 우여곡절 끝에 미첼의 장편 소설 '바람과 함께 사라지다'는 1936년 처음으로 이 세상의 빛을 보게 되었다. 미첼의 적극적인 행동이 아니었다면 이 작품은 영원히 묻힐 뻔했던 것이다.

만약 당신이 아무런 목적도 의미도 없는 비생산적인 방법으로 행동하면 당신이 얻는 결과는 안 좋을 수밖에 없다. 하지만 반대로 분명한 목적과 의미가 있는 건설적인 방법으로 행동하면 좋은 결과를 얻을 것이다. 이런 식으로 당신은 자신의 인생을 만들어 간다.

행동을 선택하는 것은 결과를 선택하는 것이다. 그러므로 선택, 즉 행동이 좋을수록 결과도 좋아진다. 그러나 중요한 것은 아무것도 하지 않으면 아무것도 얻을 수 없다는 사실이다. 결국 인생이란 무대에서는 실천에 대해서만 보상을 한다.

그러므로 사람들은 당신의 의도에는 별로 관심이 없고, 그들의 관심 대상은 오로지 당신의 행동이라는 점을 알아야 한다. 국세청에서는 당신이 세금을 낼 의사가 있었는지, 당신의 아이는 당신이 저녁 식사 준비를 했는지 신경쓰지 않는다. 건널목에서 길을 건너는 사람에겐 당신이 자동차를 멈추려고 했다는 말이 아무런 위로가 되지 않는다.

당신의 인생 시나리오를 결정하는 것은 당신이 취한 행동이다.

사람이 행동을 바꾸기 전에는 그의 인생에서 어떤 변화도 일어나지 않을 것이다. 그러므로 지금 당장 자신에게 물어보라, '지금이 아니면 언제 할 수 있겠는가?'

여기까지 당신은 숨가쁘게 책을 읽었다. 그리고 많은 부분에 동의할 것이다. 또한, 당신의 인생에서 가장 먼저 해야 하는 것들과 그것에 시간과 에너지를 할당하는 방법은 나중에 충분히 시간을 갖고 논하기로 하자. 다만 여기서는 당신이 원하는 것을 가지지 못하는 이유가 행동의 결여 때문이라는 사실을 인식하는 데 초점을 맞추자.

정확한 사고는 성공의 포인트

성공하는 사람의 특징 중 한 가지는 어떤 일을 할 때 중요한 것을 선택하여 적절히 사용하는 방법을 안다는 점이다. 열심히 일만 한다고 성공하는 것은 아니다. 오히려 성공한 사람은 적게 일하고 쉽게 일한다. 그들은 중요하거나 중요하지 않은 진실을 가려내는 능력 덕분에 마치 지렛대를 사용하는 것처럼 손가락 하나만으로도 다른 사람이 온몸을 바쳐 감당해야 하는 무게를 지탱한다.

중요한 것을 신중히 골라 일에 이용하는 사람은 다른 사람이 1파운드의 힘을 가진 망치로 공사할 때 10톤의 위력을 가진 망치로 공사하는 것과 같다. 그만큼 성공이라는 고지에 남보다 한 발자국 앞서 갈 수 있다.

비유가 유치하다고 생각할 수도 있겠지만 중요한 사실과 단순한 정보를 구분하는 일이 얼마나 중요한지 이해해야 한다. 사람들은 어떤 사안에 대해서 진실의 정확도는 고려하지 않고 오직 자신의 입맛에만 맞게 해석한다. 실수하고 있다는 것을 알면서도 실수를 저지를 때가 많다.

반대로 자신의 행동이 다른 사람에게 어떤 영향을 주는지는 전혀 고려하지 않고 오직 자신의 관심사 때문에 진실을 악용하는 경우도 허다하다. 그러므로 정확한 사고를 하는 것은 성공을 위한 가장 결정적이고 중요한 포인트다.

완전한 지식과
타인의 간접 경험

이제 정확한 사고를 하기 위해 필요한 것이 무엇이고 어떻게 하는 것인지 점검해보자.

먼저 원칙을 지키는 철저한 이성과 남의 말에도 흔들림 없는 성격이 뒷받침돼야 한다. 물론 정확한 사고 때문에 아주 잠깐 손해를 입을지도 모른다는 것은 누구도 부인할 수 없다. 하지만 분명한 것은 손해에는 반드시 보상이 따른다는 것이다. 자신이 입은 손해에 비해 상상할 수도 없을 만큼 거대한 보상이 따를 것이다. 이 점은 의심하지 않아도 좋다.

진실을 찾아 나서는 사람에게 꼭 필요한 몇 가지 요소가 있다. 그것은

5. Act 행동에 대해서만 보상한다

완전한 지식과 타인의 간접 경험이다. 자기 귀에 들리는 정보는 물론이고 정보를 준 사람을 신중하게 검토한 후 결과를 믿을 수 있을 만큼 타당하다면 좀 더 자세한 조사가 필요하다.

정확한 사고를 위해서는 다음의 필수적인 요소 두 가지가 있다.

첫째 : 새로운 정보뿐만 아니라 정보에 포함된 진실을 밝혀낼 수 있어야 한다. 당신이 수시로 접하는 많은 정보 중 사실을 근거로 하지 않은 것들이 상당수 존재하기 때문이다.

둘째 : 정보를 중요한 것과 중요하지 않은 것, 혹은 타당성이 있는 것과 그렇지 않은 것으로 분류할 수 있어야 한다. 이 과정을 거쳐야만 정확하게 사고할 수 있다. 쉽게 말해 성공에 사용하는 정보는 중요하고 타당성 있는 것이며 버려진 정보는 중요하지 않고 타당성도 부족한 것이 많다.

같은 능력과 기회가 있었음에도 사람들 사이에 차이가 나는 이유는 이러한 분류를 잘하는 사람과 그렇지 않은 사람이 있기 때문이다. 아울러 분명한 사실은 '그렇지 않은 사람'이 훨씬 많다는 점이다.

어떤 사람이 삶을 살아가면서 지도자의 자리에 올라서면 그 사람을 중상 모략하는 사람들이 주변에 생기게 마련이고 그의 인격에 관한 이런저런 소문이 떠돈다. 성격이 아주 좋은 사람이라도 자신이 어떤 일을 하는 데 남에게 피해를 주는 나쁜 사람을 평생 피하면서 살아갈 수는 없다.

만약 누구에게 긍정적인 정보를 들었다면 그대로 받아들이면 되지만 반대의 경우에는 면밀한 조사가 필요하다. 정확한 사고는 당신의 특권인 동시에 의무다. 그러므로 가능하면 소문과 사실을 구분해야 한다.

정리해보면 오직 소수의 사람만이 중요한 진실 혹은 타당성 있는 사실을 자기 일에 이용할 수 있다. 지금 현재 우리 주위에서도 그러한 예를 자주 볼 수 있는데 그들은 세상이 말하는 성공, 바로 '부의 축적'에 이른 사람들이다.

사람이 항상 옳은 결정만 할 수는 없다. 하지만 부지런히 움직이면 평균법칙에 따라 인생이라는 게임이 끝나기 전에 당신이 얻고자 하는 많은 것을 얻을 수 있을 것이다. 그리고 그것이 곧 '성공의 법칙'이다.

우유부단은
실패의 가장 큰 원인

결단력 있는 사람은 시간이 얼마가 걸리고 아무리 어려운 과제라도 자기가 얻고자 하는 것을 얻고야만다. 반대로 우유부단한 사람은 기회를 놓친다. 크게 성공한 사람 중에 우유부단한 사람이 없다는 사실은 중요한 의미를 지닌다.

사람의 인생은 기본적으로 시간과의 경주이다. 그러므로 우유부단은 패배를 뜻한다. 왜냐하면 아무도 지나간 시간을 다시 보충해 줄 수 없기 때문이다. 사람에게 유일하고 참된 자본은 시간이다. 그러나 그것은 잘 이용할 때만 자본이 된다.

사람이 헛되이 낭비하는 시간이 얼마인지 하루만이라도 계산해 보면 아마 충격으로 쓰러질지도 모른다. 달리 이야기하면 우유부단은 사람에게 주어진 모든 기회를 빼앗아 간다는 뜻이다. 지금껏 위대한 지도자치고 우유부단한 사람은 아무도 없었다. 한번 앞으로 나아가기로 했다면 비틀거리거나 뒤돌아보는 일은 없어야 한다.

우유부단한 성격의 사람이 아니라면 그는 이미 많은 장점을 가진 운이 좋은 사람이다. 우리의 의사선택에 관계없이 사람들은 매초 시간과 경주 중이므로 질질 끄는 행동은 곧 패배를 의미한다. 어떤 사람도 잃어버린 1초를 보상해주지 않는다.

시간이란 실패와 실망을 치료해주는 치료제이면서 잘못을 바로 잡아주고 실수를 만회할 수 있게 도와주기도 한다. 하지만 이는 일단 결정을 하고 추진력 있게 행동하는 사람에게만 해당한다.

유명하고 위대한 리더는 남녀를 불문하고 모두 신속한 결정을 내리는 사람이었다.

그랜트 장군은 유능한 장군이 되기엔 부족했으나 결단력 있는 성격 하나만으로도 다른 모든 약점을 보완하기에 충분했다. 그의 승리에 관한 모든 이야기는 그를 비판하는 이에게 던진 다음의 말에 모두 응집되어 있다. '우리는 여름이 다 지나도 전선을 지키기 위해 싸울 것이다.'

부흥회 연사에게 가장 큰 장애물은 결단력 부족이다. 부흥회에 참석한 사람들이 종교적 신념을 받아들이기로 마음속에서 결단을 내리도록 돕는 것이 그들이 해야 할 가장 큰일이다. 유명한 부흥사 빌리 선데이는 '우유부단은 악마가 제일 좋아하는 수단'이라고 했다.

앤드루 카네기가 거대한 철강 산업을 꿈만 꾸고 꿈을 현실로 실현하려는 마음의 결단을 내리지 않았다면 오늘날과 같은 거대한 철강 산업은 이룰 수 없었을 것이다.

헨리 포드는 원하는 사람이면 누구라도 구할 수 있는 저렴한 가격대의 차를 제조하여 판매하려고 결심했다. 그 덕에 포드사는 지구에서 가장 큰 회사 중에 하나가 되었고 포드 자신은 세계적인 대부호가 되었으며 수많은 사람에게 자동차 여행의 기회를 제공했다.

어느 유능한 세일즈맨은 은행의 은행장을 만나고 싶어 했다. 하지만 은행장은 세일즈맨을 귀찮아했다. 그러던 어느 날 아침 세일즈맨은 은행장 집에서 가까운 곳에 차를 대고 기다렸다가 그가 출근할 때 바로 뒤쫓았다. 그는 기회를 엿보다가 은행장의 차를 실쩍 박았다. 차에는 자은 흠집이 생겼다. 차에서 내린 그는 은행장의 명함을 받고 자신의 명함을 건네주며 사고를 일으켜 죄송하다고 사과하였다.

5. Act 행동에 대해서만 보상한다

그리고는 명확하고 재빠르게 그가 배상해야 할 손해를 설명했다. 아울러 새 차로 만들어 드리겠다고 약속했다. 그날 오후 은행장의 집에는 깨끗한 새 차가 배달되었다. 그 후 둘은 친구가 되었고 나중엔 사업상 파트너가 되었다.

위의 사례들이 이해가 되는가?

당신이 만약 두 가지 중 하나를 선택해야만 한다면 어떤 것을 선택하겠는가? 팁을 드리면 다음 둘 중 하나이다.

결단력을 지닌 사람은 멈추지 않는다!

우유부단한 사람은 시작하지 못한다!

성공적인 삶을 사는 사람들은 두 가지 특별한 능력이 있다. 현실 가능한 명확한 목표와 그 목표를 현실로 실현하려는 확고한 결단력이 바로 그것이다. 결단력이 있는 사람은 시간이 얼마나 걸리든, 얼마나 어려운 과제이든 관계없이 얻고자 하는 바를 반드시 얻고야 만다.

그러므로 당신이 성공자의 반열에 오르고자 한다면 꼭 기억해라!

세상은 당신이 저지른 실수는 용서할 수도 있지만 아무런 결정을 내리지 않는 것은 절대 용서하지 않을 것이다. 왜냐하면 세상 사람은 당신에 관해서 아는 바가 전혀 없기 때문이다.

이제 정리해 보자! 당신이 누구이고 당신의 직업이 무엇이든지 인생의 목적과는 관계없이 시간과 게임을 하고 있다. 항상 당신이 시간보다 먼저 움직여야 한다. 시간은 항상 당신 다음에 움직여야 한다. 신속한 결단으로 빨리 움직여라. 그러면 시간은 당신의 편이 될 것이다.

성공으로 가는 마법열쇠, 집중력

| 집중력! 여기에서 말하는 집중력은 일종의 능력을 일컫는다. 다른 말로 하면 집중력이란 생각하는 바를 사고할 수 있는 능력이다. 명확한 결말을 볼 때까지 사고를 조절할 수 있는 능력이며 실행 가능한 행동계획을 잘 정리하는 힘을 말한다.

집중력은 성공으로 가는 마법 열쇠다. 이 마법 열쇠는 누가 발명하거나 발견한 것이 아니다. 긍정적인 사고방식과 새로운 사고를 하는 모든 사람이 한 가지 혹은 다른 방식으로 사용해 온 열쇠다. 마법 열쇠의 힘은 누구도 저항할 수 없고 누구나 사용하는 힘으로 만들어졌다.

인간의 육체는 물질적인 힘으로 구속할 수 있지만 정신은 그렇지 않다. 사람에게는 자신의 정신을 스스로 통제할 수 있는 권한이 있다. 그러나 대부분 사람은 이 권리를 행사하지 않는다. 그들은 주로 잘못된 교육 체제 때문에 정신에 잠재하는 엄청난 힘을 아직 발견하지 못한 채 세상

5. Act 행동에 대해서만 보상한다

을 헤쳐 나가고 있다.

이렇게 인간의 정신은 지속해서 성장하고 있지만 어느 시점에 이르면 정체된다. 이때 어떤 인위적인 자극이 없으면 장애물을 넘지 못하고 그 지점에서 멈춘다. 그런 자극 중의 하나가 바로 집중력이다.

그럼 여기에서 사용할 집중력의 정의를 내려 보자. 집중력이란 어느 한 주제에 친숙해지고 능통해질 때까지 마음속으로 명심하고 연습하는 능력을 말한다. 어떤 문제를 풀 때까지 문제에 계속 집중하고 풀어보려고 노력하는 자세를 말한다. 자신에게 필요 없다고 생각하는 습관을 과감히 벗어던질 수 있는 능력이면서 자신이 원하는 습관을 새로 만드는 힘도 포함한다. 이는 '극기'와도 일맥상통한다.

사람이 인생의 명확한 중점 목표에 집중하기 위해서는 목표에 섞여 있는 크고 작은 목표를 제치고 가장 중요한 목표에 집중할 수 있어야 한다. 그러므로 성공적인 집중력을 만드는 재료는 야망과 욕구이다. 이 두 가지 요소가 없는 마법 열쇠는 무용지물이다.

그러면 왜 수많은 사람이 성공적인 집중력을 갖는 것에 실패할까?

그것은 야망이 부족하고 욕구도 뛰어나지 않기 때문이다. 당신의 욕구가 무엇이든지 집중력이라는 마법 열쇠를 얻을 수 있다면 욕구는 곧 이루어질 것이다.

단언컨데, 가슴속 깊이 자리 잡고 있는 욕구를 이루어낸 사람은 집중력의 위대한 힘을 이용한 것이다. 가령 꿈을 상상력으로 시작해 욕구를 거쳐 집중력의 힘으로 현실화하지 않으면 인류는 아무것도 창조할 수가 없었을 것이다.

집중력이 갖는 힘에 좀 더 익숙해지면 왜 처음부터 인생의 명확한 중점 목표가 중요한지 이해할 수 있다. 의식세계에 있는 아이디어나 생각은 그와 비슷한 생각을 불러 모으며 이에 따른 적절한 행동을 하게 한다.

그러므로 집중력을 통해 의식세계에 당신의 열망을 심어라. 그것이 신념이 되고 그 신념은 과학자도 설명하지 못하는 더 큰 힘을 준다.

마음 깊숙한 곳에 목표에 관한 욕구의 씨앗을 심고 집중력을 발휘해 노력하면 또 다른 위대한 힘이 당신을 도울 것이다. 성공이란 다른 사람과의 기술적이고 조화로운 협력에 달려 있다. 일반적으로 다른 사람으로 하여금 자신이 원하는 일을 할 수 있게 하는 방법을 터득한 사람은 무슨 일이든 성공할 수 있다.

사람은 집중력을 통해 서로 영향을 받고 협력을 이루며 적대감이 사라져 우정을 형성할 수 있다. 반면에 강요하는 것은 언뜻 보면 만족할 만한 결과를 얻을 수 있을 것처럼 보인다. 그러나 그런 성공은 결코 오래 가지 않는다.

자기 확신으로 충전된
성공의 힘

성공을 간절히 원한다면 '나 자신 외에는 누구도 나에게 성공을 가져다주지 않는다'라는 점을 기억하는 것이 좋다. 물론 성공을 거두기 위해서는 다른 사람의 협조가 필요하지만 스스로 자기 확신의 긍정적인 태도를 지니지 않는 한 타인의 협력을 구할 수 없다.

아마도 여러분은 비슷한 훈련을 거치고 실적도 비슷한 것 같은데 어떤 사람은 주변 사람보다 상대적으로 좋은 대우를 받는 것에 의구심을 품은 적이 있을 것이다. 이런 사례에 해당하는 두 사람의 차이점을 비교하여 살펴보면 왜 한 사람이 다른 이에 비해 좋은 대우를 받는지 확연히 알게 될 것이다.

좋은 대우를 받는 사람에게서는 '자기 자신을 믿는다'는 사실을 발견할 수 있다. 그는 이러한 자신의 신념을 역동적이고 능동적인 행동으로 뒷받침하여 다른 사람에게 '나는 자신감이 넘치는 사람'이라는 인상을 심어준다. 이런 자기 확신은 전염성이 있고 설득력이 있어 다른 사람을 끌어당기는 힘이 있다.

미국에서 뛰어나다고 알려진 한 세일즈맨이 있었다. 그는 한때 유명 신문사의 사무국 직원이었다. 그가 어떻게 '세일즈 세계 챔피언'이라는 타이틀을 얻었는지 분석하는 것도 가치 있을 것이다.

그는 무척 내성적인 젊은이였다. 인생의 무대에서 전면에 서거나 앞자리에 앉지 못하고 뒷문 가까이 혹은 객석의 마지막 자리에서 서성이는 그런 부류의 사람이었다.

어느 날 그는 '자기 확신'에 관한 강연을 듣게 되었고 그 강연에 깊은 감명을 받아 이전까지의 삶의 방식에서 벗어나야겠다는 확고한 결심을 하고 강연장을 빠져나왔다. 그리고 신문사의 경영간부에게 능력에 따른 인센티브를 받는 조건으로 광고를 섭외하는 자리를 요구하였다.

사무실 사람들은 영업 분야에는 적극적인 성격이 필요하므로 그의 소심한 성격에 비추어 보아 실패할 것이라고 생각했다. 그러나 그는 주변의 평가에는 개의치 않고 사무실로 돌아가서 광고를 섭외하기 위한 잠재고객의 명단을 작성하였다.

사람들은 그 명단의 고객들이 최소한의 노력을 들여서 쉽게 광고를 받아 올 수 있는 대상이라고 생각했지만 그렇지 않았다. 오히려 기존의 광고부 직원이 광고를 유치하지 못한 사람의 이름만 골라 명단을 작성하였다. 모두 12명이었다.

방문을 시작하기 전에 도심 공원에 가서 12명의 이름이 적힌 종이를 꺼내 100여 번을 소리 내어 읽고는 자신에게 주문을 걸었다.

"당신은 이 달이 끝나기 전에 우리 신문에 광고를 실을 것입니다."

그는 방문을 시작했다. 방문을 시작한 첫째 날 그 '불가능한' 12명 중 3

5. Act 행동에 대해서만 보상한다

명에게 광고란을 팔고 하루를 마감했다. 그 주가 끝나기 전에 2명에게 추가로 광고란을 팔았으며 월말이 되었을 때는 12명 가운데 11명에게 광고 지면을 팔았다. 그런데 다음 달에는 한 건의 실적도 올릴 수 없었다.

가장 완고한 고객을 제외한 나머지는 전혀 방문하지 않았기 때문이다. 아침마다 이 고객에게 전화를 걸어 상담을 요청했고 그때마다 '노'라는 문전박대를 당해야만 했다. 완고한 고객은 자신이 광고를 싣지 않을 것을 잘 알고 있었지만 젊은이는 이러한 사실을 모르는 듯했다.

고객이 '싫다'고 했을 때 젊은이는 이를 곧이곧대로 듣지 않았다. 그 달의 마지막 날, 끈질긴 젊은이에게 연속해서 30번을 거절한 고객은 이렇게 말했다.

"이봐요, 젊은이! 하나 물어봅시다. 나한테 광고를 따내려고 당신은 자그마치 한 달을 허비했는데 도대체 왜 그렇게 시간을 낭비한 거요?"

그러자 젊은이는 대답했다.

"저는 결코 시간을 허비한 게 아닙니다. 저는 매일 등교하는 학생이었고 당신은 저의 선생님이셨습니다. 저는 이제 고객이 광고를 싣지 않기 위해 펼치는 모든 논점을 알게 되었을 뿐 아니라 '자기 확신'을 기를 수 있었습니다."

"사실은 나도 그동안 학교에 다니는 학생 같았고 자네는 나의 선생이었지. 자네는 돈보다 값진 끈기를 가르쳐 주었으니 내 이에 대한 보답으로 수업료를 내지. 자네에게 광고를 맡기겠네.”

이렇게 해서 전 미국을 통틀어 가장 뛰어난 광고 섭외가가 필라델피아에서 탄생했다. 젊은이는 명성을 얻고 백만장자 대열에 들어섰다.

그는 자신의 마음을 흘러넘치는 자기 확신으로 충전하여 불가사의한 힘을 길렀기에 성공할 수 있었다. 그는 12명의 이름으로 명단을 작성했을 때 다른 사람이 하는 방식을 100퍼센트 따르지 않았다. 오히려 상품을 가장 팔기 어려운 사람으로만 골라 명단을 작성했다.

그것은 광고 판매에서 발생할 수 있는 모든 저항을 이해하고 그로부터 자신을 강화시키며 자기 확신을 기르기 위해서였다. 다른 사람들처럼 편한 길만 가려 하지 않았기에 길이 강줄기처럼 구부러진다는 사실을 아는 얼마 안 되는 사람 중에 한 명이 될 수 있었다.

‘자기 자신을 믿는다’는 것은 이토록 중요하다. 자신의 신념을 역동적이고 능동적인 행동으로 뒷받침 하면 다른 사람에게 ‘매사에 자신감이 넘치는 사람’이라는 인상을 줄 수 있다. 이런 자기 확신은 전염성과 설득력이 있어 다른 사람을 끌어당기는 힘이 된다.

마음을 바꾸면 인생도 바뀔 수 있다

노만 빈센트 필은 신학박사이자 뉴욕 마블 협동교회 목사이면서 〈가이드포스트〉지 발행인을 지냈다. 그는 단순하면서도 소박한 표현과 풍부한 예화를 곁들인 글과 강연을 통해 온갖 고민에 시달리는 사람들에게 각자가 지닌 문제를 극복하고 '인생을 성공적으로 사는 방법'을 제시하여 사람들의 삶에 큰 영향을 끼쳤다.

시대를 초월한 메시지와 일상 속의 더 없는 가치가 담긴 그의 주옥같은 글은 우리가 삶의 지혜를 절실히 필요로 할 때마다 영감을 제공한다. 또 그의 글과 강연에는 어떻게 살 것인가를 놓고 적절한 안내와 함께 읽는 이로 하여금 뿌듯하고 행복하게, 때로는 만족스러운 삶의 길을 찾도록 도와주는 힘이 있다.

필 박사는《위대한 행복의 길(Great way of happiness)》,《적극적 사고방식(The power of positive thinking)》같은 20여 권의 책을 펴냈으며 그중《걱정하지 말고 살아라(You Can I You Think You Can)》는 그의 저서 가운데 가장 큰 호응을 불러일으켰고 뉴욕 타임스 베스트셀러 목록 연속 20주 1위라는 기록을 세웠다.

오늘 특강에서는 성공을 위해 꼭 필요한 몇 가지 지침을 이야기할 것이다. 그럼 박사의 특강을 들어보자.

적극적인 생각은 적극적인 결과를 낳는다

사람이란 누구나 자신의 내부에 무한한 잠재능력을 갖추고 있죠. 그것은 잘만 활용하면 지금보다 더 훌륭한 재능과 능력, 효과적인 기능을 제공해줄 것입니다. 토머스 에디슨은 다음과 같이 말했습니다.

"만일 우리가 스스로 할 수 있는 일을 모두 한다면 틀림없이 자기 자신에게 놀랄 것이다."

이말을 정리하면 '하면 된다고 생각하면 당신도 할 수 있다'는 것이고, 그런 자신에게 스스로 놀란다는 것입니다. 어떻습니까? 동의하십니까? 여러분은 인생을 살아가면서 자신에게 놀란 적이 있습니까?

한국전쟁에 참가했던 한 미국 수병의 이야기를 해볼까요?

두뇌가 명석하고 듬직했던 이 젊은이는 위기에서 발휘한 본인의 능력에 자신도 놀랐고 주변 사람들도 놀라게 했습니다. 무슨 일이 일어난 걸까요? 한국전쟁이 계속되고 있던 어느 날 미국의 구축함이 원산항에 닻을 내리고 있었습니다. 그날 밤은 달이 아주 밝고 조용했습니다. 그런데 한 부사관이 함정의 경비를 보던 중 갑자기 그 자리에 우뚝 서고 말았습니다. 그리 멀지 않은 바다 위에 크고 검은 물체가 떠 있는 것이 보였습니다. 순간적으로 그것이 조류를 타고 함정 쪽으로 천천히 접근하고 있는 기뢰임을 알았습니다.

바로 당직 장교에게 연락해서 장교가 현장으로 달려왔습니다. 그리고 곧 함장에게 연락을 했습니다. 전 함정에 경보가 울리고 전투상태에 돌입하였습니다. 장교, 수병할 것 없이 놀란 표정으로 천천히 다가오고 있는 기뢰를 바라보았습니다. 모두가 제정신이 아니었습니다. 참사가 일어나기 바로 직전이었습니다. 장교들은 여러 가지 긴급지시를 내려야 했습니다.

"닻을 올려야 하는가? 아니, 시간이 없다. 엔진을 가동해서 함정의 위치를 옮겨야 하는가?"

그러나 그렇게 할 수도 없었습니다. 스크루에 의한 수류로 기뢰가 점점 더 가까이 오고 있었기 때문입니다. 그러면 어떻게 해야 하는가?

"총으로 기뢰를 폭발시켜야 하는가? 아니다, 그러기에는 함정의 탄약고가 너무 가깝다. 그럼 대체 어떻게 하면 좋은가? 보트를 내려서 긴 장대로 기뢰를 밀어낼까?"

그렇게 할 수도 없었습니다. 상대는 접촉 기뢰이고 그럴 시간이 없었습니다. 그만큼 상황은 절박해졌습니다. 이때 갑자기 수습 수병 한 사람이 상관을 밀어내고 외쳤습니다.

"소화 호스를 가져오라!"

모두 본능에 따라 그 말을 따랐고 함정과 기뢰 사이의 바다에 물을 뿜어 새로운 파도를 만들어냈습니다. 이렇게 해서 기뢰를 멀리 떼어 놓고 총으로 격파할 수 있었습니다. 이 수습 수병의 기지로 구축함은 위기를 모면했습니다. 그는 확실히 보통사람이 아니었습니다. 위기에 처했을 때 냉정하고 정확히 생각하는 능력을 자신의 내부에 지니고 있었던 거죠.

물론 그러한 능력은 확실히 정도의 차이는 있을지언정 누구나 갖고 있습니다. 사람은 어떤 고난이나 위기를 당하더라도 할 수 있다고 생각하면 극복할 수 있고 자신의 능력을 적극 인정하면 효과적인 행동을 낳는 놀라운 정신력을 발휘할 수 있습니다.

해군소장으로 임명된 어떤 사람의 이야기를 하겠습니다. 그는 하급 해군사관 시절 암 때문에 현역에서 물러났습니다. 그는 병 때문에 네 차례나 사경을 헤맸으며 마지막에는 2주일 이상은 더 살 수 없다는 말을 들었습니다. 그러나 성공적인 수술과 굳은 신앙심으로 암을 완치할 수 있었습니다. 그는 해군에 복귀하기를 원했지만 암 투병 기록이 있어 해군 규칙상 복귀할 수 없었습니다.

그는 '기회가 없다'는 말을 들었지만 포기하지 않고 군에 복귀하려는 노력을 계속했습니다. 마침내 방법을 발견했습니다. 바로 법령의 변경이었습니다. 우여곡절 끝에 트루먼 대통령은 그를 해군으로 복귀시키기 위한 특별 법안에 서명하였습니다.

이야기의 주인공은 바로 어윈 로젠버그입니다. 그는 미국 제7함대의 해군 소장이 되었습니다. 로젠버그 소장은 절대 단념하지 않았습니다. 그는 목표를 설정해 놓고 달성할 수 없다는 생각을 아예 거부했습니다. 인간에게 불가능한 일은 없다는 것을 그는 멋지게 증명했습니다. 이렇게 마음가짐에 따라 불가능도 가능해집니다.

여러분은 자신을 닭이라고 생각한 독수리의 우화를 들은 적이 있을 겁니다. 어느 날 모험을 좋아하는 한 소년이 아버지의 양계장 부근에 있는 산에 올라가 독수리 둥지를 발견했습니다. 그 둥지 속에서 독수리 알 몇 개를 양계장으로 가져와 마침 알을 품고 있는 암탉에게 그 알을 함께 품게 했습니다.

잠시 후 병아리 몇 마리와 독수리 한 마리가 태어났습니다. 독수리는 병아리 무리 속에서 자신이 독수리인 줄은 꿈에도 모른 채 자랐습니다. 그러던 어느 날 독수리는 몸 안에 이상한 감각이 용솟음치고 있다는 것을 알았습니다. '나에게는 틀림없이 닭 이상의 무엇이 꿈틀거리고 있다'는 생각이 들었습니다.

어느 날 큰 독수리가 양계장 위를 날아갈 때 새끼독수리는 가슴이 설레는 이상한 힘을 느꼈습니다. 커다란 독수리를 보며 이렇게 생각했습니다.

"그래, 나도 저 독수리와 비슷하다. 양계장은 나에게 맞지 않는다. 나는 하늘을 날아 정상에 서고 싶다."

새끼 독수리는 한 번도 날아본 적은 없었지만 힘과 본능이 몸 안에 충만했습니다. 새끼 독수리는 날개를 펴고 나지막한 언덕에 올라앉았습니다. 힘을 내어 더욱 높이 올라 마침내 하늘을 날아 높은 산꼭대기에 올라갈 수 있었습니다. 새끼 독수리는 감춰져 있던 위대한 자신을 발견한 것입니다.

인간도 마찬가지입니다. 여러분은 참으로 위대한 자신을 발견하지 않으면 안 됩니다. 여러분은 '나도 할 수 있다'는 생각을 터득할 때 자신을 발견할 수 있습니다. 어떻습니까? 당신은 닭으로만 머물러 있지 말고 원래부터 가지고 있는 '자기의 의식 속에 내재해있는 독수리'처럼 창공을 향해 훨훨 날아가야 하지 않겠습니까? 어떻게 생각하십니까? 생각만 해도 가슴 설레는 일이 아닙니까?

할 수 있다는 생각은 결과를 만들어낸다

톰 뎀프시라는 선수가 있습니다. 그는 63야드라는 믿기 어려운 필드 골을 차서 미식축구 팬을 들끓게 한 사람입니다. 톰은 태어나면서부터 오른발이 절반뿐이었고 오른손도 자유롭지 못했습니다. 그러나 톰의 부모는 참으로 위대했습니다. 그들은 톰이 단 한 번도 장애의 불편함을 느낄 수 없도록 해주었습니다. 그런 부모님 덕분에 톰은 다른 사람이 하는 일은 모두 할 수 있었습니다.

보이스카우트가 16킬로미터를 걸으면 톰도 같이 걸었습니다. 그렇게 하지 못할 이유가 없었습니다. 톰에게는 결점이 하나도 없습니다. 톰은 다른 소년과 마찬가지로 무슨 일이든 해냈습니다. 톰은 축구를 통해 특별한 능력을 발휘하고 싶었습니다. 그는 자신이 공을 누구보다 더 멀리 찰 수 있다는 걸 알았고 이 능력을 발휘하기 위해 특수 신발을 디자인하였습니다.

오른발과 오른손이 자유롭지 못하지만 부정적인 생각을 하지 않고 오히려 정식으로 실기테스트를 받고 시험을 통과하여 팀과 계약을 맺었습니다.

톰이 찾아간 어떤 팀의 코치는 '자네는 축구를 하기에는 부족하다'고 말하며 다른 일을 하라고 권하기도 했습니다. 그러나 그는 포기하지 않고 마지막으로 뉴올리언스 세인트 팀에 기회를 달라고 간절히 부탁했습니다. 물론 코치는 내키지 않았지만 소년의 신념에 감동하여 청을 받아들였습니다.

약 2주일 뒤 코치는 톰 뎀프시가 연습시합에서 55야드의 필드 골을 넣자 눈이 휘둥그레졌고 톰은 세인트의 주전 키커 자리를 차지했습니다. 그리고 그해 시즌에서만 맹활약을 한 끝에 99점을 올렸습니다.

마침내 자신의 이름을 알릴 때가 왔습니다. 경기장은 6만 6천 명의 팬으로 가득 메워져 있었고 공은 킥을 할 수 있는 선상에 있었습니다. 남은 시간은 단지 몇 초뿐이었습니다. 공은 45야드 선으로 전진하였습니다. 원 플레이로 시합을 끝낼 기회였습니다.

"안에 들어가서 킥을 해라, 뎀프시!" 코치가 외쳤습니다.

톰이 필드로 뛰어들었을 때 공은 골라인에서 55야드 지점에 있었습니다. 그곳에 선 톰은 63야드의 킥을 차야 했습니다. 그때까지 공식 시합에서 가장 긴 킥의 거리는 볼티모어 코르 팀의 비어트 레치처가 찬 55야드였습니다. 뎀프시는 있는 힘껏 공을 찼습니다. 공은 곧장 날아갔지만 과연 충분할까요?

6만 6천 명의 관중은 숨을 죽이고 지켜봤고 엔드 존에 있던 선심은 두 손을 들어 골인이 됐음을 알렸습니다. 공이 바를 스치며 넘어간 것입니다. 팀은 19대 17로 승리했습니다. 스탠드는 일찍이 본 적 없는 필드 골로 흥분했습니다. 게다가 다리와 손에 장애를 가진 선수가 골을 넣었다는 사실에 더욱 열광했습니다.

"믿을 수 없다." 누군가 외쳤습니다.

그러나 뎀프시는 조용히 웃었습니다. 그는 그때 부모님이 생각났습니다. 부모님은 그에게 항상 '할 수 있다'는 말을 할 뿐 '하지 못한다'는 말은 절대 하지 않았습니다. 그가 훌륭하게 꿈을 실현한 것은 모두 부모의 가르침 때문이었습니다. 인터뷰를 하면서 "부모님은 결코 나에게 '너는 하지 못한다'는 말을 하지 않았습니다"라고 뎀프시는 말했습니다.

그렇습니다. 무엇이든 '할 수 없다'는 말을 결코 스스로 하면 안 됩니다. 먼저 하면 된다고 생각하고 몇 번이고 시도해야 합니다. 그러면 당신은 자신이 할 수 있는 일이 무엇인지를 발견할 수 있습니다. 닭과 독수리의 이야기처럼 당신의 참다운 모습인 독수리가 돼야 합니다.

인간은 성공하기 위해 태어난 것이지 실패하기 위해 태어난 것은 아닙니다. 성공하려면 먼저 성공 달성의 기본원리를 알아야 합니다. 그 원리란 무엇인가? 바로 자신을 아는 것입니다.

마음을 조절하고 진지하게 생각하며 올바른 판단을 내립니다. 그리고 패배한다는 생각을 받아들이지 않으며 자신의 힘을 믿어야합니다. 마음속에서 커다란 미래를 생각하고 결코 실패한다는 생각을 하지 않아야 합니다. '하면 된다'는 철학을 믿는 것입니다.

일에서 성공하는 세 가지 금언

어떤 일을 이루고자 한다면 꼭 기억해야 할 세 가지 금언이 있습니다. 그것은 'Do it(그것을 하라)', 'I am(나는 ～이다)', 'Act now(즉시 행동하라)'입니다. 다시 말하면 '필요한 것을 찾아 그것을 충족시키는 것'이 성공을 위한 행동철학이고 필요를 충족시키는 일이 성공입니다. 그러나 부당한 방법으로 충족시키려는 것은 성공이 아니라 죄악입니다.

인생에는 방향이 있어야 합니다. 방향이 분명치 않은 인생은 언젠가는 난파될 수 있습니다. 그리고 일단 방향을 결정하면 결코 중단하지 말아야 합니다. 중단하는 사람은 절대 성공하지 못할 것입니다. 물론 목적과 방향이 분명한 사람은 실패를 두려워하지 않습니다.

그러면 당신은 어디로 가고 있는가? 바른길인가? 그릇된 길인가? 아무리 목적과 방향이 뚜렷해도 부당한 길이면 즉시 중단해야 합니다. 목적이 과정을 합리화시킬 수는 없습니다. 어떠한 실패든 그것을 정복하는 유일한 무기는 적극적인 사고방식입니다. 적극적인 사고방식은 '하면 된다는 사고'를 말합니다. 해보지도 않고 좌절하는 부정적이고 소극적인 사고방식을 가진 사람은 절대 성공할 수 없습니다.

소극적인 생각 = 소극적인 결과 = 실패 그리고 적극적인 생각 = 적극적인 결과 = 성공이라는 등식은 영원한 진리입니다.

인간은 자신이 원하는 대로 변할 수 있다고 심리학자들은 입을 모아 말합니다.

그렇습니다. 자신의 마음을 바꾸면 인생도 바꿀 수 있습니다.

중앙경제평론사
중 앙 생 활 사

Joongang Economy Publishing Co./Joongang Life Publishing Co.

중앙경제평론사는 오늘보다 나은 내일을 창조한다는 신념 아래 설립된 경제 · 경영서 전문 출판사로서
성공을 꿈꾸는 직장인, 경영인에게 전문지식과 자기계발의 지혜를 주는 책을 발간하고 있습니다.

정상을 훔쳐라

초판 1쇄 인쇄 | 2013년 9월 7일
초판 1쇄 발행 | 2013년 9월 12일

지은이 | 김정수(Jeongsoo Kim)
펴낸이 | 최점옥(Jeomog Choi)
펴낸곳 | 중앙경제평론사(Joongang Economy Publishing Co.)

대   표 | 김용주
책임편집 | 문희언
본문디자인 | 김은정

출력 | 현문자현   종이 | 한솔PNS   인쇄 · 제본 | 현문자현

잘못된 책은 바꾸어 드립니다.
가격은 표지 뒷면에 있습니다.

ISBN 978-89-6054-105-4 (13320)

등록 | 1991년 4월 10일 제2-1153호
주소 | ㉾100-826 서울시 중구 다산로20길 5(신당4동 340-128) 중앙빌딩 4층
전화 | (02)2253-4463(代) 팩스 | (02)2253-7988
홈페이지 | www.japub.co.kr 이메일 | japub@naver.com | japub21@empas.com
♣ 중앙경제평론사는 중앙생활사 · 중앙에듀북스와 자매회사입니다.

▶ 홈페이지에서 구입하시면 많은 혜택이 있습니다.

※ 이 도서의 국립중앙도서관 출판시도서목록(CIP)은 e-CIP 홈페이지(www.nl.go.kr/cip.php)에서
   이용하실 수 있습니다.(CIP제어번호: CIP2013013647)